www.tredition.de

AF197073

Bernhardin Mercy

Yippie – es lebe die

LIEBE

Liebes- und andere Geschichten
vom Poesiealbum bis zum Hospiz –
von der Wiege bis zur Bahre …
und darüber hinaus

© 2017 Bernhardin Mercy

Verlag: tredition GmbH, Hamburg

ISBN
Paperback: 978-3-7439-2408-6
Hardcover: 978-3-7439-2409-3
e-Book: 978-3-7439-2410-9

Printed in Germany

Alle Namen in „Yippie – es lebe die LIEBE" sind frei erfunden.

Vorwort
und
Nachwort

... und lebte ich ein andres Leben,
ich glaub, so anders wär es nicht;
auch darin würd ich mich erheben
und suchen nach dem Licht.

2017

Zwischen Menschen Straßen bauen –
dem anderen in die Augen schauen –
in dessen Augen sich selber sehen
und nicht an sich vorübergehen.

2017

Zwischen Menschen Mauern bauen –
dem anderen nicht in die Augen schauen –
in dessen Augen nicht sich selber sehen –
wie auch?
und (demzufolge) an sich vorübergehen.

2017

Zwischen Menschen Straßen bauen –
dem anderen in die Augen schauen –
in dessen Augen sich selber sehen
und nicht an sich vorübergehen.

2017

Wer in dieses Album schreibt,
den bitte ich um Sauberkeit.
(und reißt mir bitte keine Seiten raus)

Dieses Album ist von Bettina.

ৎ৵ৎ৵ৎ৵ৎ৵ৎ৵

Mach es wie die Sonnenuhr,
zähl die heit'ren Stunden nur.

Dieses schrieb Dir Deine Freundin Maria ein.
22.04.1989

ৎ৵ৎ৵ৎ৵ৎ৵ৎ৵

Sei fleißig wie ein Bienchen,
sei brav wie ein Kaninchen,
sei sauber wie ein Kätzchen,
dann kriegst Du bald ein Schätzchen.

zum Andenken an Deine Freundin Rebecca

ৎ৵ৎ৵ৎ৵ৎ৵ৎ৵

Willst du glücklich sein im Leben,
trage bei zu andrer Glück,
denn die Freude die wir geben,
kehrt ins eigne Herz zurück.

Dies schrieb dir deine Klassenkameradin Nadine ein.

ৎ৵ৎ৵ৎ৵ৎ৵ৎ৵

Vaterliebe baut das Haus,
Mutterliebe schmückt es aus,
Kinderliebe allezeit
leuchtet hell in Ewigkeit.

Dies schrieb die Julia ein.

Wirst Du einst mich mal vergessen,
wird dich gleich der Wauwau fressen,
dich packen,
bis du wieder denkst an mich.
Achtung fertig los …

von Antrea am 23.5.89

~~~~~~

Blaue Augen, roter Mund,
bleib gesund.

Dieses schrieb dir deine Silke ein.

~~~~~~

Die größte Kraft des Lebens ist der Dank.

Dieses schrieb dir deine Mama ein.

~~~~~~

Irrtümer haben ihren Wert, jedoch nur hier und da.
Nicht jeder, der nach Indien fährt,
entdeckt Amerika.

von Deiner Schwester Corinna

~~~~~~

Wo ein Wille ist, da ist auch ein Weg.

geschrieben von Verena

Vergesse nie die Heimat, wo deine Wiege stand,
du findest in der Ferne kein zweites Heimatland.

geschrieben von Ursula

࿇࿇࿇࿇࿇

Drei Engel sollen dich begleiten auf deiner Lebenszeit,
die Engel, die ich meine,
sind Liebe, Glück, Zufriedenheit.

Katja

࿇࿇࿇࿇࿇

Wenn die Flüsse aufwärts fließen
und die Hasen Jäger schießen,
wenn die Mäuse Katzen fressen,
dann erst werd ich dich vergessen.

von deiner Jugendfreundin Sabrina

࿇࿇࿇࿇࿇

Liebe Freundin, bitte, sei schlau,
werde keine Ehefrau.
Vor der Ehe kriegst du Rosen
in der Ehe flickst Du Hosen.

für immer deine Freundin Marita

࿇࿇࿇࿇࿇

Will dich einst ein Bub mal küssen,
stell dich nicht so schüchtern an.
Mutter braucht's ja nicht zu wissen,
hat es früher selbst getan.

Dieses Sprüchlein lieb und fein
schrieb dir deine Sonja ein.

Sage nie
ich hab keine Lust.
Denn das Leben sagt Dir:
Du musst.

Vergissmeinnicht – Deine Tanja

ॐॐॐॐॐ

Mir wird etwas schwindelig, wenn ich mir bewusst werde, dass ich alles
und alle bin.
Ich, du, er, sie, es, wir, ihr, sie.
Der ... die ... das Sichtbare und das Unsichtbare.
Plötzlich bin ich auch die 99 Luftballons auf ihrem Weg zum Horizont.
Der Weg zum Horizont bin ich und auch der Horizont selber.
Und alles, was sich dahinter befindet, kosmisch.
Wenn die 99 platzen, was dann?
In dem Fall bin ich die 99 Geplatzten.
Auch gut.
(Jetzt kennen Sie das von mir, dass man selber alles und alle ist ...
und wundern sich über nix mehr.)

ॐॐॐॐॐ

Wolfgang Amadeus ist ein Gedanke im blauen Kosmos.

In einem Samentropfen sinkt dieser große Gedanke des Wolfgang Amadeus in den Körper seiner Frau Mutter ein.

Dort macht er, neun Monate lang, Musik und Noten, bis er, ein Genie
schon, ganz klein, ganz groß, das Licht der Welt erblickt.

Dann macht er, 32 Jahre lang, Musik und Noten, bis er, ganz groß, ganz
klein, im blauen Kosmos versinkt.

ॐॐॐॐॐ

Mein Bauch gehört mir –
und das Kind in meinem Bauche gehört sich selbst.

ৡৡৡৡৡ

Ich male
einen Bogen der Busen,
einen Bogen der Bauch,
einen Bogen das Baby.

Da kommt die Katze angelaufen,
tapst durch die Farbe
und malt noch eine Katzenpfote dazu.

ৡৡৡৡৡ

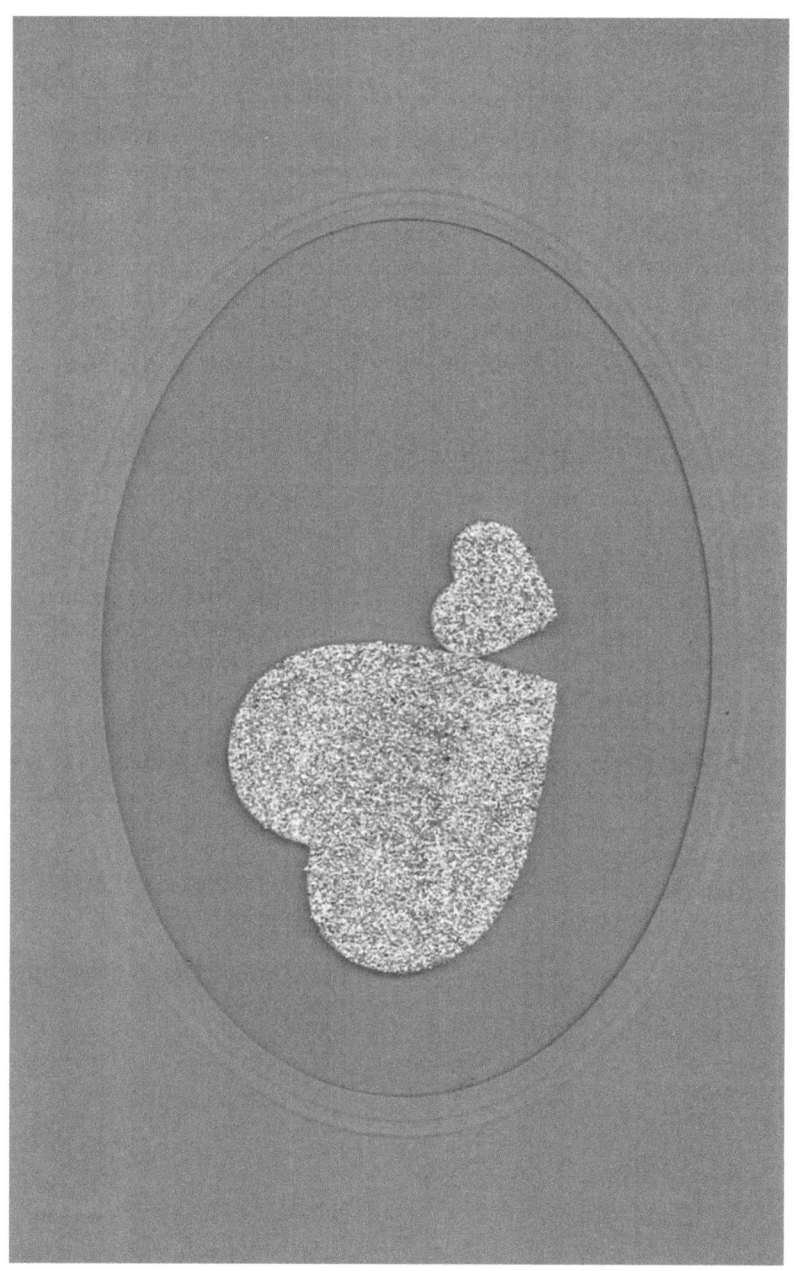

Lieber Matthias,

in der sechzehnten Schwangerschaftswoche schien dir das in Aussicht
gestellte zukünftige Leben unerträglich, sodass du dich entschließen
mochtest, dir die restliche Lebenszeit zu ersparen und zurückzukehren
von woher du kamst.
Dass es dabei bluten und weinen würde, war klar. Das entspricht unserer
momentanen Natur, das ist Gesetz unseres derzeitigen irdischen Lebens.
Die Schwester sagte, der Arzt schläft gerade, ich darf ihn nicht wecken.
Das Blut muss erst richtig laufen. Ach so, das wusste ich nicht, damit
hatte ich nicht gerechnet. Der Arzt, sicher ist er müde, zu müde, um noch
Leid abkürzen zu können, oder zu wollen.
Dann fühlte ich dich, einen sechzehn Wochen alten Matthias, mit einem
Riss aus der Scheide rutschen. Ich schlug die Bettdecke zurück und sah
dich, mein Kind, die kleine gekrümmte Wirbelsäule, das blutige Etwas,
und konnte nicht einmal weinen, nur noch bluten.
Wieder kam die Schwester herein, riss ohne ein Wort zu sagen dich zwi-
schen meinen Beinen fort; eingewickelt in das blutige Tuch trug sie dich
hinaus. Nicht einmal konnte ich zum Abschied dir etwas hinterherrufen.
Danach lebte ich zwei Jahre lang ohne dich, ohne mich und ohne Tränen,
bis deine jüngere Schwester sich anmeldete in mir.
Erst viele Jahre später gab ich dir den Namen: Matthias.
Mein kleiner großer Junge. Nun bist du fast 50 und ich über 70.
Es tut mir leid, dass es damals (noch) keine Bestattungen für Kinder wie
dich gab. Das tut mir leid. Jedoch, die Wunden sind geheilt,
die Tränen getrocknet.
Danke, dass du da warst.
Danke, dass du da bist.
Ich liebe dich.

Deine kleine Mama

৯৯৯৯৯৯

Ich bin eine andere Frau, bekomme ein Kind, ein richtiges lebendiges kleines Kind. Es wird ein Kaiserschnittkind, anders geht es nicht. Ich freue mich und bin sehr gefasst und konzentriert. Ich zähle bis dreizehn, dann habe ich keine Zahlen und keine Sprache mehr.
Nun spüre ich, wie ein Schnitt, der Schnitt längs über meinen Bauch geht.
Ich schreie auf und höre den Arzt rufen:
„Mehr geben, mehr geben!"
Dann bin ich weg.
Ich sehe die Szene von oben. Der Arzt ist aufgebracht. Er reißt den Schwestern das Operationsbesteck aus den Händen. Nachdem er es benutzt hat, wirft er es auf den Metalltisch. Die Schwestern sind still und verbittert. So haben sie sich das Helfen nicht vorgestellt.
Nur die Hebamme ist ruhig und freundlich.
Ich sehe meinen geöffneten Bauch wie einen Krater. Ich weiß, mein Kind ist nicht mehr in mir, nicht mehr bei mir. Dann bewegt sich ein Oval aus Licht in mich hinein, in den Krater hinein. Nun weiß ich, mein Kind ist zurückgekehrt.

Ich bin das Kind. Ich will meine Mutter nicht allein zurücklassen ohne mich. Aus Liebe kehre ich zurück. Obwohl ich weiß, dass es nicht einfach und nicht wirklich schön sein wird, was mich auf der Erde erwartet.
Ich hatte schon alles „hinter mir". Doch, ich kehre zurück in dieses Leben. In meine Mutter.

Ich bin die Mutter. Entspanne mich. Sehe, wie der Arzt mein Kind mit beiden Händen aus dem Krater ausgräbt. Höre es schreien. Gott sei Dank. Wir sind gerettet.

ॐॐॐॐॐ

Da sagt der junge Papa:

Früher habe ich oft nachgedacht über den Sinn des Lebens. Meines Lebens. Heute brüllt mir der Sinn meines Lebens aus dem Kinderbett entgegen. Damit ist die Frage beantwortet.
Vielen Dank, mein Söhnchen!

ॐॐॐॐॐ

Bin junge Mutter.
Habe gerade ein Kind geboren.
Vor einer Stunde.
Mein erstes Kind.
Es hat keine Arme.
Es hat nur einen Kopf und einen Rumpf und Beine.
Ich sage zu ihm:
Verzeih mir,
heute kann ich dich noch nicht lieben.
Aber bald werde ich es können.
Vielleicht schon heute Abend.

ॐॐॐॐॐ

Ich bin auf dem Wege zu dir, möchte dich gerne besuchen. Mal vorbei-
kommen nennt man das heute. Ich weiß, du ziehst Bilanz, Bilanz über
deine Kindheit und Jugend und über meine Erziehung. Bald kommt die
Endabrechnung, ich bin im Soll. Bitte, liebe Sternentochter, vergiss auch
das Haben nicht!
Nun bin ich da. Sehe Licht hinter der Jalousie, klingeln, Spionklappe bei-
seite geschoben, Türe geöffnet, nicht weit.
„Hallo!"
„Hallo, wollte nur etwas vorbeibringen."
„Ja?"
Türe weiter geöffnet, Mutterpanoramaröntgenblick in Wohnraum und
Küche. Hat sie den Kühlschrank gefüllt, den Spül rumstehen, das Bett
gemacht, den bunten Pulli an (und nicht den schwarzen)? Dann ist es gut.
Plastiktüte mit Kakaodrink, Waffelröllchen, Butter und Käse, Mandarinen,
Bananen so nebenbei im Flur abstellen, unauffällig ein Kuvert mit 50 dazu
und ein Kerzchen, dann verabschieden: „Tschüss, ruf doch mal an!"
„Tschüss, danke!" – „Tschüss!"

ॐॐॐॐॐ

Als ich Kind war, hat man mir gesagt: Du hast nichts zu wollen. Das stimmt nicht. Ich habe was zu wollen. Eine ganze Menge sogar. Jede(r) hat was zu wollen. Eine ganze Menge sogar.

అల~ అల~ అల~ అల~ అల~ అల~

Nun bin ich ein Junge von vierzehn Jahren. Oma kommt zu Besuch, weil Mama am nächsten Tag dreiundvierzig Jahre alt wird. Rosa kommt hereingelaufen und ruft: „Oma kommt!"
Zuerst renne ich zur Tür, dann Rosa, dann die Katzen, dann Mama. Am Nachmittag hole ich die neue Frauenzeitung für Mama. Sie liest abends im Bett. „Liebesnächte in der Taiga", bis ihr das Blatt aus der Hand fällt. Mama hat heute Geburtstag. Rosa und ich pflücken Blumen auf der Wiese. Mama freut sich.
Abends hat sie Gallenkolik. Sie stöhnt vor Schmerzen. Rosa ruft den Doktor. Mama muss sofort operiert werden. Operation geglückt. Mama auf dem Wege der Besserung. Sie freut sich, dass ich sie besuche. Sie sagt: „Sei mal schön brav!"
Dann fahre ich mit Papa zur Kirmes. Er hat kein Kleingeld für das Karussell ... In der Gastwirtschaft will er Geld wechseln, aber er besäuft sich. Er schmeißt einige Gläser kaputt. Dann wirft der Wirt ihn raus. Draußen kotzt Papa. Dann fahren wir nach Hause.
Oma ist am Weinen und hält sich an der Wand fest. Sie sagt: „Mama ist tot."
Papa setzt sich auf Mamas Bett und heult laut. Ich hole mein Fahrrad und sause zum Krankenhaus. Unterwegs fahre ich in einen Bach und krieche nass wieder heraus und fahre weiter. Im Krankenhaus sagt die Schwester zu mir:
„Tut mir leid, deine Mutter ist noch nicht eingesargt. Du musst morgen wiederkommen."

అల~ అల~ అల~ అల~ అల~ అల~

Als Kind musste ich (gezwungenermaßen) immer danke und bitte sagen. Auch dann, wenn ich das gar nicht meinte. Inzwischen sage ich statt bitte ... wäre nett, wenn Sie ... statt danke ... war nett, dass Sie ...
oder so was in der Art. Und das nur, um bitte und danke zu umgehen.
So stark kann Erziehung nachwirken, manchmal bis ins hohe Alter.

Nun bin ich der „Fürsorgezögling".

Als ich merke, dass die Türen keine Klinken haben, wird mir mulmig. Ich muss mich ausziehen und bekomme Klamotten vom Heim. Einige sagen, es wäre kein Heim, es wäre eine Anstalt. Dann werde ich in den Aufenthaltsraum gebracht. Und setze mich auf einen Stuhl.

Nun bin ich der andere Fürsorgezögling. Ich mag den Neuen nicht, gehe auf ihn zu und frage ihn: „Willst du eins in die Fresse haben?" Aber der Neue antwortet nicht.

Nun bin ich ein anderer Jugendlicher. Ich mag den Neuen nicht und schleiche mich von hinten an ihn ran. Ich kippe seinen Stuhl um, das geht ganz einfach.

Nun bin ich wieder der Erste. Als der Neue am Boden liegt, werfe ich mich auf ihn und versuche, ihn zu küssen. Nun bin ich wieder der Neue. Ich trete dem, der auf mir liegt, in den Magen. Am nächsten Tag werde ich den ganzen Tag untersucht: Blutabnahme, Gleichgewichtstest, Reflexe, Gehirnströme, Röntgenaufnahmen.

Ab nun verläuft mein Tag so: halb sieben aufstehen, Marmeladebrote zum Frühstück, dann nähe ich freiwillig zwanzig Knöpfe an Schlafanzüge. Mittagessen. Fernsehen von vier bis sechs Uhr, Abendessen – ins Bett. Ich zeige einem Jungen ein Foto von meiner Schwester. Er sagt: „Die ist aber geil" und gibt mir das Bild nicht mehr zurück. Er nimmt es mit ins Bett.

Nun bin ich der Heimleiter. Ein neuer Junge ist eingeliefert worden. Ich gebe ihm Instruktionen. Ich sage: „Wenn einer der anderen Jungen nachts zu dir ins Bett steigt, dann mach kein Palaver, knall ihm ein paar und damit fertig. Wenn einer beim Essen auf deinen Teller spuckt, melde es dem Erzieher. Wahrscheinlich musst du in Kürze psychiatrisch untersucht werden. Mach dir da nichts draus. Anschließend wird entschieden, wo du hinkommst. Ich hoffe, dass du dich bei uns wohlfühlst.???

৵৵৵৵৵

Anorexia nervosa

Ich möchte dünn sein, ganz dünn, am liebsten gar nicht mehr da.

Mein Vater hat mich nicht gewollt, meine Mutter auch nicht, ich sollte
ganz dünn sein, ganz dünn, am besten gar nicht mehr da.

Nun erfülle ich Vaters Wunsch und Mutters Willen,
denn sie hätten mich am liebsten gar nicht mehr da.

Ich fresse und kotze und kotze und fresse.
Die Welt kotzt mich an und ich kotze auf sie.

࿔࿔࿔࿔࿔

Ich warte auf einen Anruf von dir. Ich mache mir große Sorgen. Also, ich
mache mir die Sorgen. Panik kommt auf. Darum bitte ich den alten Mann,
den Unsichtbaren, den ich manchmal sehe ...???

Er antwortet: „Was muss ich dir noch sagen?! Das Licht ist da. Der Aus-
weg ist (immer schon) da. Dein Gefühl ist Gefühl. Gefühle sind in Ordnung. Alle.
Immer ist es die gleiche Substanz, aus der sie stammen, sie stammen aus
dem Leben, sie sind Leben. Fühle sie, fühle alles, auch Trauer, Verzweif-
lung, Angst, Wut. Sei lebend, sei lebendig durch deine Gefühle, sei in
ihnen. Erkenne sie, akzeptiere sie, verstehe sie, warum sie da sind und
woher sie kommen, und dann, dann, dann ... wenn du kannst, verwandele
sie in Glück. Wandle in Glück."

Ich frage den alten sichtbar unsichtbaren Mann: „Wie heißen Sie?"

Er antwortet: „Servatius."

Ich sehe nach in meinem Buch der tausend Vornamen. Servatius bedeutet
der Gerettete.
(Der Gerettete rettet die Gerettete.)

࿔࿔࿔࿔࿔

Neandertal, da möchte ich mal hin. Vielleicht mit einem One-Way-Ticket. Neandertaler, meine Brüder und Schwestern, die Neandertalerinnen. Liefen die, liefen wir damals schon richtig aufrecht?

Doch, ja, aber … entschuldigt, wir sahen damals zweifelsohne noch ein bisschen affig aus; fliehende Stirn, vorgeschobenes Gebiss, ausdrucksstarke Mimik.

Wenn die Neandertaler wüssten, dass wir uns (nicht alle, aber immer mehr) immer (nicht immer, aber immer öfter) die Haare vom Körper wegepilieren lassen, sie würden grunzen vor Lachen und mit ihren langen Armen vor Vergnügen in der Luft herumrudern.

Sie hätten mehr Spaß an uns als wir an ihnen.

ᜰᜰᜰᜰᜰ

Sie haben sich sehr zurückgezogen, die Waldmännchen. Ist es ihnen bei uns zu laut und zu giftig?

Nur manchmal, in der Dämmerung, an einem ruhigen Ort, wenn du selbst ganz ruhig bist, kannst du, wenn du nicht genau hinsiehst, noch eines erkennen.

ᜰᜰᜰᜰᜰ

Erdmännchen – Erdfrauchen, das nenne ich Emanzipation!

ᜰᜰᜰᜰᜰ

Bittu Ente? Muttu schwimmen.

ᜰᜰᜰᜰᜰ

Auf einmal sind die Ameisen wieder glücklich.

ᜰᜰᜰᜰᜰ

Auch für die Tiere gilt: Geboren um zu leben – was sonst!?

ᜰᜰᜰᜰᜰ

Hallo Mäuschen, sagte der Tierpfleger, als er zu der Nilpferddame in den Käfig stieg. (Hab ich selber gehört.)

ཉ་ཉ་ཉ་ཉ་ཉ་ཉ

Warum wollen die hier bloß Parkplätze anlegen?
Es gibt hier drei Hasen! Die brauchen den Rasen.
Autos fressen kein Gras.

ཉ་ཉ་ཉ་ཉ་ཉ་ཉ

Hunde, wollt ihr ewig leben?
Na klar, was glaubt ihr denn?

ཉ་ཉ་ཉ་ཉ་ཉ་ཉ

Hund. vom Züchter geschaffen mit Kalkül.
Bringt Geld bei der Hundeschau.
Preisgeld.

ཉ་ཉ་ཉ་ཉ་ཉ་ཉ

Auf dem Weg zur Haltestelle kommt mir ein Herr mit Hund entgegen. Erwartungsvoll schaut er mich an, erwartungsvoll, ob nicht ein bewunderndes Lächeln über mein Gesicht husche, ob nicht ein anerkennendes Wort über meine Lippen käme. So was wie „toller Hund" (was für ihn bedeuten würde, „toller Typ, dieser Mann").
Kein Lächeln huscht, keine Lippe bewegt sich. Ich schaue einfach nur woanders hin, irgendwohin, nirgendwohin. Irgendwohin, wo ich nicht bin und nicht war.
Dabei denke ich nur ein einziges Wort: Qualzüchtung.
Sage es aber nicht, weil ich mich schonen will, mich und den tollen Hund und den tollen Typ, besonders aber mich. Vielleicht halt ich nur deshalb die Schnauze, weil ich keins in die Fresse haben will.

ཉ་ཉ་ཉ་ཉ་ཉ་ཉ

In der Bahn fahren viele Leute (mit).
Die meisten sehen müde aus, andere, als ob sie große Sorgen hätten, und wieder andere beides.
Eine Frau fährt (auch) mit. Sie sieht mich an. Sozusagen ein Stand-by Lächeln.
Als sie bemerkt, dass sich auch in meinem Gesicht entsprechende Muskeln bewegen, lächelt sie voll los.

෧෧෧෧෧

Missbilligend sieht der Tierschützer in der belebten Einkaufsstraße an seinem Stand mit den gefolterten Tieren mir nach, weil ich nicht stehen bleibe.
Er kann nicht wissen, dass ich die Fotos von den gefolterten Tieren nicht ansehen kann.

෧෧෧෧෧

Ich bin der Vater, der mit seinem Sohn einen Zoobesuch macht. Ich rufe ihm zu: Guck mal da, der Marabu, das ist der hässlichste Vogel der Welt.
Ich bin der Sohn, ich bin sechs Jahre alt. Ich bin brav und rufe zurück: Papa guck mal, wie böse der Marabu ist.
Ich bin der Marabu. Stehe auf einem Bein. Sonst mache ich gar nichts.

෧෧෧෧෧

Liebe Leika!

Leika mit k
Du warst ein freier Straßenhund. Dein Name bedeutet „Kläffer" und auch
„Streuner". Menschen haben dich eingefangen, dich dressiert und am
3.11.1957 ins All geschossen. Zu Forschungszwecken und aus Wettbe-
werb. Sie konnten nicht sicher sein, dass du zur Erde zurückkehren wür-
dest.
Sie (also wir) schossen dich trotzdem. Sie schossen dich, um sich zu schonen. Sie gaben dir einen Platz in der Kapsel, gerade mal groß genug für
dich, um zu stehen bzw. zu liegen.
Nach drei oder vier Erdumrundungen bist du gestorben, an Überhitzung.

Liebe Leika!

Leika mit k
Im Namen der Mitmenschlichkeit bitte ich dich anstelle des Menschenge-
schlechtes um Verzeihung.

Grüße von B.

৵৵৵৵৵৵

Bin Schlange. Bekomme lebende Ratte zum Fraß. Ratte beißt mich und
reißt ein Stück von meinem Rücken aus mir. Herrchen ist wütend. Er
macht Ratte tot. Und bringt mich zum Tierarzt. Herrchen zittert. Liebt
mich. Frauchen weint. Liebt mich. Tierarzt hat Salbe. Ich will tote Ratten.
Und lebende Kaninchen. Ich bin Schlange.

Ich bin Ratte. Schlange will mich fressen. Darum beiße ich Schlange. Ich
will nicht tot. Alle sind entsetzt und haben Mitleid. Mitleid mit Schlange.
Nur mit Schlange.

৵৵৵৵৵৵

… da gibt es doch diesen Franziskus in Rom.

Ab und zu hört man etwas von ihm, und das kommt dann auch im Fernsehen. Kürzlich sagte er: „Manche glauben, entschuldigen Sie diesen Ausdruck, dass sie, um gute Katholiken zu sein, sich wie die Karnickel vermehren zu müssen …" Da hat er aber Gegenwind bekommen, zum einen von kinderreichen katholischen Familien, zum anderen vom Kaninchenzuchtverein!

Einige kinderreiche Familien protestierten. Sie waren dem Gebot „Wachset und mehret Euch" gefolgt und nun, plötzlich, wurden sie mit liebestollen Karnickeln verglichen. Bis dato sind ihnen von der katholischen Kirche her nicht Pille oder Kondom erlaubt …

Der Leiter des Kaninchenzuchtvereins stellte klar, man dürfe nicht allen Kaninchen ein erhöhtes Sexualverhalten unterstellen. Sexuelle Ausschweifungen träfe nur auf freilebende Tiere zu … Die Fortpflanzung bei den Zuchtkaninchen hingegen verlaufe in geordneten Bahnen.
(Logisch, die Zuchtkaninchen dürfen nicht, was und wie sie wollen. Das wird ihnen weggezüchtet – oder muss es heißen „abgezüchtet"? Egal. Sie wissen, was gemeint ist. Karnickel sind die anderen, die, welche ungebremst und ungezügelt in freier Wildbahn rumkarnickeln. Das nennt man auch rammeln.) Yippie!

ॐॐॐॐॐ

Wenn du die Schule verweigerst, bekommst du schlechte Noten.
Dann bekommst du keinen Abschluss.
Dann bekommst du keinen Ausbildungsplatz.
Dann bekommst du keine Arbeit oder schlechte Arbeit.
Willst du das?
Ist das dein Ziel?

Lass mich endlich in Ruh', Mama.

ॐॐॐॐॐ

Ich bin Volksschullehrer.

Am Ende des achten Schuljahres werden die Schüler entlassen. Zur Entlassungsfeier macht jedes Kind für ein anderes einen Vers.

Alfred liest seinen vor. Es geht um Ulrike. Ulrike hat rote Haare und Sommersprossen. Ich bin auch Ulrike. Ich bin auch Alfred.

Ich lese vor: Rote Haare, Sommersprossen sind des Teufels Volksgenossen.

Ich schreite nicht ein.

෮෮෮෮෮

Weil Willi keine Zeit hatte, tätigte ich bei seiner Sparkasse eine Überweisung für ihn. (Vollmacht anbei)

Die Bankangestellte sagte: „Sie müssen hier noch unterschreiben."

„Mit seinem oder mit meinem Namen", fragte ich.

Da wurde sie sehr emotional.

„Hallooo, wir fälschen hier doch keine Unterschriften!"

Das hatte ich nicht gewusst.

෮෮෮෮෮

Bankgeschäfte

Kassengeschäft. Geld abheben. Größere Summe. Richtig große Summe für eine Person in Altersarmut. Wem das Geld gehört, bzw. zusteht, ist noch nicht raus, entweder es wird mir gehören oder aber … der Bundesrepublik Deutschland. Schließlich können wir nicht immer nur nehmen, zum Beispiel Rente ohne Ende, wir müssen auch etwas geben. Oder gibt es gar keine Bundesrepublik Deutschland mehr, gab es nur eine bis zur Wende? Bis die alle umgezogen sind von Bonn nach Berlin. Haben wir – rechtlich gesehen – gar keine Bundesrepublik mehr, sondern seit fünfundzwanzig Jahren ein großdeutsches Reich? Werde mich mal erkundigen, aber so, dass keiner merkt, dass ich nicht auf der Höhe der Zeit bin. Also, Kassengeschäft. Als der Beamte hinter dem Schalter mir das Geld vorzählt, schaue ich mir seine Augen an. Die sind hellblau. Ich erkenne, er ist ein guter, ordentlicher, rechtschaffender Mann.
So ganz nebenbei bemerke ich: „Das ist ja eigentlich nur Papier." Entweder hat der Beamte in seiner Schulung gelernt, lernen müssen, dass der Kunde immer recht hat (Ausnahme Banküberfall), oder er meint das selber, jedenfalls sagt er: „Eigentlich ja".

Ich habe das Geld bereits eingesteckt, da frage ich ihn, ob er etwas annehmen darf. „Ja", antwortet er, „warum nicht, ich darf das nicht im Beratungsraum, wenn mir ein Kunde da hundert Euro zuschieben würde, die darf ich nicht annehmen, wenn er damit einen Vorteil für sich erreichen will."
Ich ziehe also einen Schein raus, ein Zehntel von einem Hunni, und schiebe ihm den über den Kassentisch zu. Seine Augen strahlen, und er sagt „Für die Kaffeekasse!"
Ich möchte ihm mitteilen, ihn wissen lassen, dass auch ich etwas von der Schenkung habe und finde unversehens einen Satz, der seit Jahrzehnten in den Windungen meines Gehirns untergetaucht war, sozusagen verschollen, und der nun durch den Grauschleier, der auf meinem Gehirn liegen soll, durchschimmert (die Diagnose vom CT lautet nämlich irgendwie so). Ein netter Doktor erklärte mir, „das" hätten viele ältere Leute, ich bräuchte mir darüber (noch) keine Sorgen zu machen. Da bin ich aber froh. (Noch.)

Also, ich sage zu dem Bankbeamten:
„Denn die Freude, die wir geben, kehrt ins eigene Herz zurück." Er lacht und stimmt mir zu, da ist er ganz bei mir (das ist ein neumodischer Ausdruck, aber diesmal trifft er zu), und wir schütteln einander die Hand und bedanken uns wechselseitig beieinander.

Es ist ein himmlisches Gefühl. Nur leider gibt es im Himmel keine Banken und kein Geld – aber … wer weiß das schon so genau?
Was um Himmels Willen sollen wir denn dort die ganze Zeit machen, wenn wir uns nicht mit Geld, dessen Beschaffung und dem Ausgeben beschäftigen? Fehlt da nicht etwas Fundamentales?
Wer weiß das schon so genau; es ist noch keiner zurückgekommen!?! (Mit Ausrufezeichen bedeutet, „die Aussage wird bestätigt". Mit Fragezeichen bedeutet, man weiß das nicht wirklich.) Es bleibt ein Zweifel.

Was so'n Satzzeichen doch ausmacht!

࿐࿐࿐࿐࿐

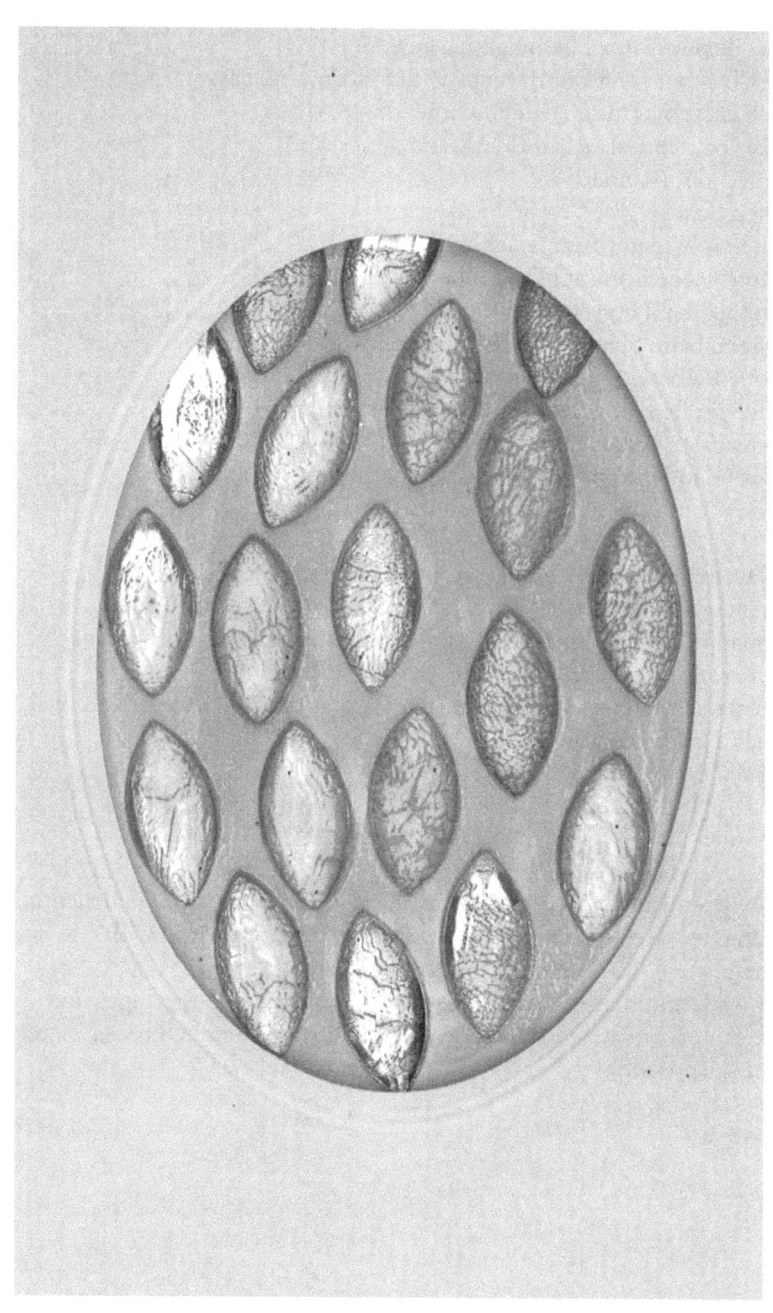

Grün ist die Hoffnung, halb hab ich gewonnen …
Immer leben wir weiter und weiter in der Hoffnung, dass:
Bald der Urlaub kommt (Arbeitnehmer).
Der Chef bald in Urlaub fährt (Arbeitnehmer).
Es Schnee gibt (Kinder).
Es keinen Schnee gibt (Autofahrer).
Die Blumen blühen (Blumenliebhaber).
Die Katze wiederkommt (Tierliebhaber).
Es dem Opa bald besser geht (Oma).
Die Schuhe beim Schuster endlich repariert sind (Fußgänger).
Die große Liebe erscheint. Yippie!
Wenn die große Liebe partout nicht erscheinen will,
dann wenigstens die kleine. Yippie!
Dass das Geld bis zum Monatsende reicht (Geringverdiener).
Dass wir alle im Lotto gewinnen und … und … und …

Unter tausend Dollar im Monat ist man richtig unglücklich.
Mit zweitausend Dollar im Monat ist man schon ziemlich glücklich.
Wenn man wesentlich mehr hat, ist man nicht automatisch prozentual
gesehen erheblich glücklicher.
Nach Statistik soll das Glücksgefühl, welches auf Besitz basiert, nicht viel
länger als zwei Jahre halten.
Dann ist alles (gefühlsmäßig) wie vorher.

～～～～～～

Ich hielt einen Euro zwischen Daumen und Zeigefinger, den wollte ich in
seinen Becher werfen. Aber im Becher war schon etwas drin, coffee to go.
Der Mann war gar kein Bettler.
Da stand ich mit meinem Euro zwischen Daumen und Zeigefinger und
ließ ihn schnell wieder verschwinden. (den Euro) Hoffentlich hat er nichts
gemerkt. (der Mann)

～～～～～～

Nun bin ich die Geldpresse. Oder wie heißt die Maschine, die das Geld druckt?
Ich folge meiner Bestimmung. Ich bedrucke Papier, dann ist es mehr wert. Sagen die Menschen. Ich folge meiner Bestimmung.
Ich drucke und die Scheine schlüpfen aus mir heraus wie Kinderchen; man könnte sagen, ich gebäre Geld.
Immer mehr. Immer mehr. Und noch mehr.
Immer mehr, immer schneller.
Eurokinder.

෭෨෭෨෭෨෭෨෭෨

Der Manager leidet an Überarbeitung, Stress, an der Krankheit mit dem blumigen blutigen Namen Colitis ulcerosa. Als der Arzt nicht mehr helfen kann, geht er zur Therapeutin, sagt, er brauche Entspannungsübungen.

Sie stimmt ihm zu, lässt ihn sich bequem hinlegen, die Augen schließen und spricht leise beruhigende, heilen sollende Worte über ihn und zu ihm.

Mit diesen Worten schläft er ein. Die Therapeutin freut sich, dass die Entspannung gelungen ist. Er erwacht, ärgert sich, ist unzufrieden mit sich, denn er sei ja eingeschlafen und habe sich gar nicht richtig auf die Entspannungsübung konzentrieren können. Nun müsse er erst einmal Rücksprache mit seinem Arzt nehmen, was der davon halte.

෭෨෭෨෭෨෭෨෭෨

„Obi,
der Freund ihres Computers", steht in großen Buchstaben über der Messehalle.

Ich selbst habe keinen Freund, denkt der Manager, aber ich sollte für meinen Computer einen kaufen, damit er nicht so allein ist.

෭෨෭෨෭෨෭෨෭෨

Vorwurfsvoll sieht die Dame in der Warteschlange mich an, weil ich drängelte.
Ich sage zu ihr: Ich bin auch bloß Opfer.
Da muss sie lachen.

༚༚༚༚༚

Der Sachbearbeiter der Krankenkasse nahm die Krankschreibung in Empfang. Ich erwartete, dass er sagen würde: „Wir tätigen in Kürze die Überweisung." Das sagte er nicht.
Vielmehr sagte er: „Wir hauen das Geld raus!"
Das hat mir tierisch gefallen.
Ich fand diese Ausdrucksweise ungewöhnlich für einen Sachbearbeiter und belohnte ihn mit einem lauten Lachen.
Dem einzigen in dem Gebäude.
Der Sachbearbeiter lachte auch, aber tonlos.

༚༚༚༚༚

Silke, zartes Anemonen-Mädchen, kleine MTA, ich sage dir, verlass das Labor, welches arbeitet im Namen des Fortschritts und der Medizin. Dein Arbeitsplatz liegt im Sicherheitsbereich, doch niemand konnte oder wollte dir sagen, was das exakt zu bedeuten hat.

Hepatitis, TB, Typhus und Aids, all das musst du untersuchen mit radioaktiven Substanzen. Sie werden unter dem Tisch gelagert, an dem du arbeitest, an dem du stehst. Du hast den Geigerzähler ausprobiert, zuerst hat er geknattert, dann ununterbrochen gepiept. Du hast gefragt, doch niemand konnte oder wollte dir sagen, was das exakt zu bedeuten hat.

Man hat dir nur gesagt, Schwangere dürften dort nicht arbeiten, und du seist ja nicht schwanger.

Silke, zartes Anemonen-Mädchen, kleine MTA, ich sage dir, verlass das Labor, welches arbeitet im Namen des Fortschritts und der Medizin und rette dich selbst im Namen des Fortschrittes und der Medizin.

༚༚༚༚༚

„Ist es Ihnen recht, wenn ich nicht rauche?", fragte die Nichtraucherin mit tränenden Augen und heiserer Stimme die Raucherin.

„Aber bitte", war die Antwort, „lassen Sie sich nicht stören, rauchen Sie nur nicht, ich bin tolerant. Und jeder muss Rücksicht nehmen auf die Rechte des andern."

ৡৡৡৡৡ

Dann bin ich Experte für Verkehrsunfälle. Mittels Computersimulation beschreibe ich einen Verkehrsunfall. „Hier sehen wir, wie der Fahrradfahrer ausschwenkt und das Auto ihn streift. Wir sehen sehr schön, wie sein Kopf auf der Motorhaube aufschlägt. Er taucht in die Fahrerkabine ein, rutscht von da aus wieder auf die Motorhaube und schlägt auf dem Asphalt auf. Solche Abläufe haben häufig den Abriss von Extremitäten zur Folge. Sie sind quasi nicht überlebbar."
Nun bin ich die Kommentatorin dieses Kommentars: „Das halte ich im Kopf nicht aus."

ৡৡৡৡৡ

Dann bin ich die Kriminelle. Ich mache mir Sorgen, dass die Polizei mich anlässlich (m)einer Verhaftung nicht in Ketten legen kann. Ich habe nämlich so kurze Arme. Bei mir kann man die Handgelenke gar nicht auf dem Rücken zusammenbringen.
Dann bin ich die, welche im Fernsehen sieht, dass es auch Ketten mit Spielraum gibt. Da bin ich erleichtert. Allerdings sehe ich das in einem amerikanischen Krimi. Ich glaube, hierzulande sind Ketten gar nicht in Mode. Hier gibt es Plastikbänder. Vielleicht gibt es für kurzarmige Festzunehmende auch eine Sondererlaubnis, dass sie die Arme vor dem Körper ... Sie wissen schon.
Warum all diese Überlegungen?
Ich bin die, welche junge Polizisten mag und ihnen bei meiner Festnahme keine Probleme bereiten will. Insofern bin ich nobel.

ৡৡৡৡৡ

Bin Sympathisantin. Hatte schon immer einen Hang zur werktätigen Bevölkerung. Damit meine ich die Menschen, die richtig hart arbeiten. Also so ein Bauarbeiter hat Mukkis ohne Ende.
Die grüßen oft so herzhaft mit: „Tach, Moin Moin, Grüß Gott, weischt, mir san von Bavaria." Interessante Rasse, denke ich dann so vor mich hin.
Heute früh sagte so ein Bauarbeiter, als ich vorbei kam, zu mir: „Schön."
Sogleich antwortete ich: „Ja, schönen Tag auch."
Erst gegen Mittag drang seine Botschaft zu mir durch: Schön.

෮෮෮෮෮

Neulich hatte ich die Hand in Gips.
Ihr könnt euch schon denken; Karma, Trauma und Co. hatten (wieder mal) zugeschlagen.
Eine sogenannte „Putzfrau" half mir bei der Wäsche. Ich muss zugeben, so akkurat gefaltete Wäsche hatte ich noch nie. Nie.
Ich sagte zu ihr: „Sie machen das aber schön."
Sie antwortet: „Glauben Sie nicht, ich wäre etwas Besseres als Sie."
Für Ihre Arbeit lege ich 30 Euro hin. Sie nimmt nur 20. Ungelogen.

෮෮෮෮෮

Ich zur sogenannten „Toilettenfrau" im Basement der Messehalle: „Hier unten ist es aber richtig kühl; haben Sie denn noch eine warme Jacke dabei?"
Die sogenannte Toilettenfrau zu mir: „Ja, hab ich. Danke für die Nachfrage. Da macht sich wenigstens ein Mensch Sorgen um mich."

෮෮෮෮෮

„Wie kommt es eigentlich, dass die Männer so auf dich fliegen?", fragt eine Freundin mich. (so hübsch bist du doch gar nicht, höre ich sie denken.)
„Weiß ich auch nicht", antworte ich. „Ich steh bloß irgendwo rum oder ich setz mich irgendwo hin und denke an nichts Böses. – Ahhh, vielleicht deshalb."

෮෮෮෮෮

„Haben Sie denn noch nie etwas von Klimaerwärmung gehört?"
„Doch, das schon, manchmal kommt ja was im Fernsehen.
Aber meistens sagt der Kommentator, das sei normal, das hätte es schon
immer gegeben. Zwei Grad würden nichts ausmachen."
„Für uns noch nicht so viel. Andere ertrinken bereits."
„Jetzt hören se bloß auf damit, Sie haben schon genug Unruhe in mein
Leben gebracht. Ich kann es nicht mehr hören."

෴෴෴෴෴

Wie sagte ein Mitbürger zu mir: „Draußen schlafen, scheiße schlafen.
Decke schenken gut."

Die Werke der Barmherzigkeit:
Hungrige speisen
Durstige tränken
Fremde beherbergen
Nackte bekleiden
Kranke pflegen
Gefangene besuchen
Tote bestatten

Bis auf die letzten beiden hab ich alle schon mal mit mehr oder weniger Einsatz ausgeführt. Gefangene habe ich noch nicht besucht und noch keine Toten bestattet. Also will ich jetzt erst mal Gefangene besuchen. Zu diesem Zwecke schreibe ich einen Brief …

An die Leitung der Justizvollzugsanstalt

Sehr geehrte Damen und Herren,

möchte mich kurz vorstellen … Seit einigen Jahren bin ich in Rente. Gerne würde ich etwas „Vernünftiges", ich meine damit Sinnvolles, tun. Da ich eine Menge Geschichten, Texte geschrieben und Lesungen gehalten habe, kam ich auf die Idee, Ihnen anzubieten, in einer Justizvollzugsanstalt zu lesen.

Falls Sie daran interessiert sind, würde ich die Texte für eine Lesung zusammenstellen, Sie können dann selber entscheiden, ob Sie zustimmen oder ablehnen. Meine Texte sind weder kirchlich gebunden noch esoterisch; ich finde sie menschlich, mitmenschlich. Könnte sein, dass sie dem einen oder anderen Ihrer – ich will mal sagen – Klienten zur Abwechslung dienen und auch manche zum Nachdenken bringen können.

Ich denke an einen Wechsel von Vortrag und dem Einspielen von Musik, auch diese bestimmen Sie. Das Zwischenspiel dient zum Nachklingenlassen und mir selber zur Atempause. Ich habe keine finanziellen Interessen.

Mit freundlichen Grüßen und guten Wünschen.
Gerne erwarte ich Ihre Antwort.

෴ ෴ ෴ ෴ ෴

Dann schreibe ich noch einen separaten Brief an die Pastorin der gleichen Anstalt, ob ich mich bei ihnen in irgendeiner Weise nützlich machen könnte. Die Antworten auf beide Briefe finden Sie auf der nächsten Seite.

෴ ෴ ෴ ෴ ෴

Wenn schon nicht die Gefangenen zu besuchen sind, dann bleibt noch das eine Werk der Barmherzigkeit übrig: die Toten begraben. Damit ist in meinem Fall sicherlich nicht das Ausschachten des Grabes gemeint. Ich denke an „letzte Ehre geben", Verstorbenen halt, solchen, die keine Angehörigen haben. Ganz einfach, dass jemand mitgeht auf ihrem letzten Weg und nicht nur der Herr vom Bestattungsinstitut.
Also suche ich aus dem Branchenbuch die Seite „Bestattungsunternehmen" heraus und rufe das erste an. Eine etwas irritierte Dame am Telefon gibt mir Auskunft, ich müsse in dieser Angelegenheit das Ordnungsamt kontaktieren.

ॐ ॐ ॐ ॐ ॐ

Je suis Charlie.
So haben wir vielfach in den vergangenen Wochen gehört und gelesen. Übersetzung: Ich bin Charlie. Also das bin ich nicht, auf Französisch heißt das: Je ne suis pas Charlie. Ich bin nicht Charlie.
Da hilft auch kein Herr Tucholsky mit seinem viel zitierten: Satire darf alles. Nein, Herr Tucholsky, Satire tut weh, Ironie verletzt. Mindestens einen, das ist einer zu viel. Satire ist gefährlich. Lebensgefährlich.
Wenn du nicht Charlie bist, was bist du denn dann?
Je suis moi.
(ich bin ich).
So viel Französisch kann ich noch von der Mittelschule 1953. Damals hätte ich gerne Französisch abgewählt. Mein Vater erlaubte das nicht. Bis zur mittleren Reife (Reife?) musste ich durchhalten mit meiner vier minus in Französisch. Das war hart.
Aber: Ein halbes Jahrhundert später kann ich mit Stolz sagen: Je suis moi.

(Bei manchen Dingen erkennt man erst nach vielen Jahren den Nutzen.)

ॐ ॐ ॐ ॐ ॐ

Mein Verleger meinte zu mir, ich könne ganz schön ironisch sein.
Das hatte ich nicht gemerkt. Das hatte ich nicht gewusst, nicht gewollt.
Für mich – bei mir ist es – jeweils – Ausdruck von Schmerz.
Ironie statt Tränen. Satire statt Weinen. Sorry!

෨෨෨෨෨

Woran ist er eigentlich gestorben?

Er hatte die Wahl, er hätte sterben können an drei Kugeln oder – an
Normalität.

Und was hat er gewählt? Die Normalität; es war sein Zwillingsbruder, der
wählte drei Kugeln.

Das stand sogar in der Zeitung.

෨෨෨෨෨

Einmal tot, immer tot.
Einspruch, Euer Ehren, das könnte ein Irrtum sein.

෨෨෨෨෨

Die Beerdigung erfolgte in aller Schrille.
(Promis brauchen das.)

Probeliegen gefällig?
(möglich auf der Messe für Särge und Urnen)
Huch!

෨෨෨෨෨

Safari ist,
nicht töten. Nur gucken.

෨෨෨෨෨

… so wahr mir Gott helfe. Waaas, wer soll Ihnen helfen?

᠃᠃᠃᠃᠃

Alles kann Krieg sein; Sport, Kunst, Wissenschaft, Politik, Mode, Ehe, einfach alles.

᠃᠃᠃᠃᠃

Glück und Schmerz werden auf der gleichen Ebene erlebt (im Gehirn). Das musst du mir noch mal erklären.

᠃᠃᠃᠃᠃

Der Kriegstreiber hat sich für immer entzogen. Doch nicht für immer, doch nicht auf ewig. Angezettelte Kriege verjähren nicht.

᠃᠃᠃᠃᠃

Der Verräter verrät nach bestem Wissen und Gewissen.

᠃᠃᠃᠃᠃

Es liegt in der Natur des Menschen, frei zu sein. Darum ist der Fluchtversuch eines Gefangenen (in Deutschland) keine Straftat.

᠃᠃᠃᠃᠃

„Sorry", sagte er, als er seinen Nachbarn erschlagen hatte.

᠃᠃᠃᠃᠃

Es gibt nichts, was nicht passiert ist bzw. noch passieren wird.

᠃᠃᠃᠃᠃

Wir bevölkern unterschiedliche Welten. So scheint es. Jeder die seine.

᠃᠃᠃᠃᠃

Diese Frau, im Universum, taumelt von Stern zu Stern durch das Weltall.
Mal sternenglänzend – mal Feuer und rot glühend. Fällt dann als erkalten-
der/erkalteter Planet ins Bodenlose. Bodenlos ist das Stichwort. Bodenlos,
uferlos, wurzellos un-bändig, also ohne Bande eigentlich.
Was sie selbst so oft beklagte – keine, zu wenig Bande, Familie, Gruppe,
Sippe, ist ein Merkmal von ihr selber ... seufz.

Körperlich, Panikschwitzen, Angstschweiß nun aus allen Poren. Gefangen
sein in einer Situation in ein Bild übersetzt: Gefangene, Gefängnis, Stri-
cke, Ketten, Mauern,
verleitet
verleumdet
verkannt
verhasst.

Eigene Fehler verselbstständigen sich zu Katastrophen. Dinge, die wie
Lappalien aussehen, kriegen eine Eigendynamik, ein Körnchen wird
zu/mündet in einer Explosion – Chaos allerseits ist die Konsequenz.

Seufzend ausatmen (wenn das geht, bitte)!
Sie sitzt noch in früheren Prozessen von Anklage, Verteidigung, Schuld
und Unschuld, (alles sogenannt) verfemt, durch ihren Stolz und ihre Verachtung der „Höheren" macht sie sich immer erbittertere Feinde.
Erz-feinde. Schließlich gibt es keine Vermittlung mehr, Verhandlungen
sind nicht möglich bei verfeindeten Gegenübers. Sie sendet Verachtung
aus, die macht Brücken unmöglich. Diese Frau.
In diesen Kämpfen befindet sie sich immer noch und jederzeit. Entweder
sie kämpft, dann fühlt sie sich lebendig – oder sich gibt auf, resigniert,
dann wird sie depressiv.
Ein oder der größte Teil ihrer körperlichen Schmerzen und Gebrechen
stammt von alten, auch physischen Verwundungen. Es sind die Phantom-
schmerzen von damals, die im jetzigen Körper gefühlt und erlitten werden.
Die Hoffnung auf Hilfe legt sie auf die Ärzte, wobei sie die dann meistens
nach einer Weile diese auch wieder für inkompetent erklärt.

Es wird keine psychisch-emotionale Verbindung geschaffen zu den traumatischen Ereignissen von damals – so wird am Symptom gearbeitet, nicht an der Findung und Auflösung der Traumen. Die Verknüpfung fehlt, so wird symbolisch gehandelt und behandelt – doch die Schmerzen werden mehr, denn sie verlangen nach Er-lösung. Die starken Schmerzen sind dazu da, dienen dazu, ihr klarzumachen: Hier ist etwas, das schreit nach Hilfe, das schreit nach Erinnern, Fühlen, Begreifen, Wiedererleben, Einordnen, Integrieren.

Hier ist etwas, um das du dich seelisch kümmern musst; der Körper ist (nur) der Schrei, den die Seele fühlt. Der Geist flitzt zwischen diesen Ebenen her und hin, er kann es nicht kapieren, warum bei so viel Einsatz die Behandlungen nicht echt helfen. Der Geist im Oberbewusstsein strengt sich an um Lösungen, während der Geist im Unterbewusstsein alles weiß. weiß, was passiert ist in allen Leben und warum, er weiß auch die Lösungen, hat die Antworten, die bereitstehen, wenn sie angefragt werden.

Eine unruhige Seele auf der Wanderschaft.
Sie sucht den Frieden in anderen, durch andere. Diese Frau.

෴෴෴෴෴

Heute ist der dritte Januar.
Es ist Zeit, zu den schlechten Gewohnheiten zurückzukehren.

༒༒༒༒༒

Wer einmal lügt, dem glaubt man nicht.
Wer dreimal lügt, dem glaubt man wieder.
Ich halte durch, ich bleibe dabei:
ich als Lüge.

༒༒༒༒༒

Ich freue mich, weil er sich nicht freut.
Hahaha.
Und schicke ihr Blumen.
Das erhöht meine Chancen.
Ich will Pluspunkte machen.
Mit Blumen, „die mit Liebe sprechen".

༒༒༒༒༒

Was passiert Tag für Tag in den Medien?
Die große Angsterweckung …

༒༒༒༒༒

Neue Gerichte vom Fernsehkoch:
Karma-Dressing und Populismus-Kekse.
Mmh! Lecker!

༒༒༒༒༒

Dein Hochmut hilft mir, nicht so viel Mitgefühl zu haben.

༒༒༒༒༒

Ich kapier das nicht, ich bin nämlich immer noch analog.
Dabei weiß ich nicht, was genau analog ist.

❧❧❧❧❧

Sorgentechnisch hält sich alles in Grenzen.

❧❧❧❧❧

Ich fragte den Wind, ob er mir einen Gefallen tun würde – und der Wind
sagte: Ja.

❧❧❧❧❧

Es ist egal, ob du über dein eigenes Schicksal weinst, oder über das eines
anderen Menschen. Hauptsache du weinst.

❧❧❧❧❧

Das Personal ist so gut, wie die Chefs sind.
Nicht immer.

❧❧❧❧❧

Ich muss erst mal entspannen, ein bisschen Amok laufen.
Hör bloß uff!

❧❧❧❧❧

Frösche fröscheln, Menschen menscheln.

❧❧❧❧❧

Gott ist getreu.
Und warum kommst du regelmäßig zu spät?

Mann und Frau passen genau.
Das haben wir als Kinder gesungen.
Dabei hatten wir keine Ahnung von Anatomie.
Die kam erst später, die Ahnung.

❧❧❧❧❧

Aufkleber auf einem öffentlichen Postkasten:
Love Letters Only.
(Dass die Post das erlaubt, so einen Aufkleber!)

❧❧❧❧❧

Gehen wir zu dir oder zu mir?
Zu mir nicht.
Zu mir auch nicht.
Dann bleiben wir eben hier sitzen.

❧❧❧❧❧

Nun bin ich SCH SCH Schatzi,
zu ihr sage ich MMMMausi.
Bei wichtigen Anlässen stottere ich schon mal.

❧❧❧❧❧

Dann bin ich eine andere Art Liebe.
Welche Art?
Eine andere halt.
Ach so.

❧❧❧❧❧

Gute Nacht, und träum was Schönes.
Was von dich?
Ja, was von mich.
Okay, mach ich doch gern.

❧❧❧❧❧

Wilde Maus sucht zärtlichen Kater.
Nur ernst gemeinte Zuschriften.

❧❧❧❧❧

Wir haben beide den gleichen Weg eingeschlagen.
Dabei haben wir einander behindert.
Schade.
So könnte es anders gehen:
Du hast mich verändert, ohne mich umzukrempeln.

❧❧❧❧❧

Bitte, spiel die Tonleiter für mich, ich steige auf den Tönen hinauf in die
Gärten des Paradieses. Dort blühen die Azaleen.
Vielleicht bleibe ich dort.

❧❧❧❧❧

Es ist zu spät.
Zu spät ist es nie.
Immer ist es früh. Früh genug.
Schenke dir die Zeit.
Schenk dir das Jetzt.
Schenk dir das immer.

❧❧❧❧❧

Musik von Johann Sebastian Bach soll blutdrucksenkend wirken.
Stell mal an! Ich hab nämlich 150 zu 90.

৵৵৵৵৵

Ich bin die Flamme,
du bist die Kerze,
ich bin die Kerze,
du bist der Leuchter,
ich bin der Leuchter,
du bist der Tisch,
ich bin der Tisch,
du bist der Boden,
ich bin der Boden,
du bist das Fundament,
ich bin das Fundament,
du bist die Erde,
ich bin die Erde,
du bis das All,
ich bin das All –
das all bist du.

Willst du?

Leise höre ich deine Antwort:
Ist nett von dir, aber lass mal.

৵৵৵৵৵

Ich bin die Blume. Nicht stolz, nicht bescheiden. Nicht giftig.
Ich BIN.

৵৵৵৵৵

Ein Kuss erfordert den Einsatz von 34, in Worten vierunddreißig, Ge-
sichtsmuskeln. Ich bin der Kuss.

৵৵৵৵৵

Küss mich noch einmal, bevor du mich küsst.

～～～～～

Geteiltes Leid ist halbes Leid.
Das ist mathematisch nicht erklärbar.

～～～～～

Es war einmal eine Frau, die wollte so gerne mal mit ihrem Mann spazieren gehen. Drei Mal bat sie ihn darum. Schließlich sagte er: „Steig ins Auto, wir fahren zum Wald."
Die Frau freute sich sehr. Auf dem Waldparkplatz angekommen, öffnete der Mann die Autotür und sagte: „Nun geh mal spazieren!"

～～～～～

Mein Mann guckt Fußball, und ich gucke meinen Mann.

～～～～～

Die Erektion hat sich geweigert, unseren Forderungen standzuhalten.
(Rat von Frau Claudia, der Lebensberaterin: Versuchen Sie doch mal, die Forderungen wegzulassen.)

～～～～～

Er hatte ein geradezu erotisches Verhältnis zu seinem Handy.
Laut rief er: „Where is my fucking handy?!"
Na ja, so richtig erotisch ist das auch nicht.

～～～～～

Was sind Ihre Ziele im Leben?
love, peace, fashion.

～～～～～

Wo ist das Problem? Gebärmuttertechnisch ist doch alles in Ordnung.

৵৵৵৵৵

Wenn es wehtut, ist es keine Liebe.

৵৵৵৵৵

Manchmal ist der Duldungsreflex das einzige Brunftmerkmal.
Haben Sie Duldungsreflex oder haben Sie richtige Brunft?
Oder haben Sie beides?

৵৵৵৵৵

Im Nebenberuf Beamter, im Hauptberuf entweder zu Tisch, in Urlaub, krank oder in einer Sitzung: Mark.

Er sammelt Antiquitäten und restauriert sie; Stühle, Kronleuchter, Spiegel, Bilderrahmen. Mittendrin sein altes Kinderbett, das ist 1,80 Meter lang. Hier trifft Mark Friederike in der Mittagspause.

Für sie ist das Bett lang genug, er dagegen lässt gern mal seine Beine raushängen. Oft schläft er noch ein, bis er, pünktlich um ein Viertel nach eins hochschreckt. Pause zu Ende! Dann sagt er wohl:

„Heute werde ich aber entlassen." Oder: „Nun werde ich bestimmt nicht mehr befördert."

Er hat gut reden! Er ist doch Beamter und weiß ganz genau, dass er nicht entlassen werden kann. Er hat nie darüber nachgedacht, wie es Angestellten und Arbeitern geht, wenn die zu oft krank, zu lange zu Tisch sind oder zu oft in Urlaub wollen.

Eines Mittags sagt Friederike: „Ich mache mir Sorgen, meine Mutter ist so krank." „Mach dir nichts draus", antwortet Mark, „du nimmst alles viel zu schwer, jeder muss mal sterben. Ich muss jetzt los, zieh die Tür hinter dir zu."

Eine Zeitlang war Mark mit einer antiken Pistole herumgelaufen; er würde von einem Gangster aus der Unterwelt bedroht, derselbe würde auch Marks Freund bedrohen. Dieser Freund hätte schon zwei Mal den Gangster angeschossen, aber das hätte nichts gebracht. Seit Mark das aber Friederike erzählt hat, wirft sie immer mal eine Blick auf seine Aktentasche und auf Ausbuchtungen in seiner Kleidung. Heute ist nichts auffällig, denkt sie beruhigt.

„Tschö", sagt Mark, „zieh die Tür hinter dir zu. Bis Donnerstag, gleiche Zeit."

Am folgenden Donnerstag hat Friederike wieder große Sorgen. „Unser Auto hat den Exitus und meine Ehe ist auch am Ende", vertraut sie Mark an. Der versteht sofort, was gemeint ist, denn er hat Latein auf dem Gymnasium gehabt. Er antwortet: „Du hast vielleicht eine Ausdrucksweise! Es ist ganz klar, du hast eine Depression. Das liegt am Wetter, das geht vorbei."

Derart getröstet und gestärkt geht Friederike aus Marks Mittagspause nach Hause.

Hättest du doch bloß meinen Mund gehalten bezüglich Glaube, Hoffnung, Liebe.
Ich glaube an das Schlechte im Menschen. Ich hoffe, dass alle bestraft werden, die blöd zu mir waren. Ich liebe mich bedingungslos über alle.

༜༜༜༜༜

Ich bin Single. Der Vorteil dabei ist, dann kann meine Frau/mein Mann nicht fremdgehen.

༜༜༜༜༜

Scheidung ist Scheißung.

༜༜༜༜༜

Dann bin ich der jugendliche Liebhaber.
Ich sage: „Wenn man erst mal siebzig ist, dann hat man nur noch fünf Jahre vor sich." Traurig!
Dann bin ich die ältere Liebhaberin.
Erfreut denke ich: „Da hab ich aber Glück, dann hab ich noch vier Jahre vor mir."

༜༜༜༜༜

Dann bin ich der treue Ehemann, ich sage „Ich bin seit neununddreißig Jahren verheiratet, das sind vierzig Jahre zu viel."
(Hammer, was?)

༜༜༜༜༜

Dann bin ich der Ex-Mann. Acht Jahre nach der Scheidung schreibe ich an meine Ex-Frau: „Wie geht es dir? Ich hoffe gut und dass du immer noch so lachen kannst wie früher. Ruf mich mal an auf Handy."
Dann bin ich die Frau, die den Brief liest. In der Ferne höre ich sie laut weinen.

༜༜༜༜༜

Wennsewegisfühlichmichbessa.
Wennichwegbinfühltersichbessa.
Dannbinichmalweg,
dannfühlichmichbessa.

༄ ༄ ༄ ༄ ༄ ༄

Hier etwas über die Verschiedenartigkeit der Geschlechter:
Männer töten Frauen, um sie zu behalten. Frauen töten Männer, um sie
loszuwerden. (Aber nicht immer!)

༄ ༄ ༄ ༄ ༄ ༄

Es heißt, dass Männer in den Zwanzigerjahren die Klitoris (bei der Frau)
entdeckten. Also so ab 1920. Wir können das nicht nachprüfen. Eines
steht aber fest: Die großen Entdecker waren doch immer Männer.
Und was haben die Frauen entdeckt? Den G-Punkt. Das ist doch auch
was. (Auch wenn viele Frauen und Männer ihn nicht finden. Die meisten
finden ihn nicht. Nichtsdestoweniger: Es soll ihn geben.)

༄ ༄ ༄ ༄ ༄ ༄

Nun bin ich junge Frau in einer anderen Zeit. Niemand sagt „junge Frau".
Man sagt Jungfrau.
Ich putze im Gericht den Boden. Der alte Richter schaut mir dabei zu.
Wohlgefällig. Dann fragt er meine Eltern, ob ich ihm helfen darf. Meine
Eltern fühlen sich geehrt, dass der hohe Herr mich als Dienstmagd will.
Sie sind arm und glauben, dass meine Arbeit bei ihm sie aus ihrem Elend
und ihrem Hunger erretten wird. So komme ich bei dem Herrn Richter in
Stellung. Er sagt, dass ich ihm bei der Notdurft helfen muss. Ich muss mit
ihm in das Kabinett, ihn abwischen und mit dem Mund ...
Ich habe dann immer das Gefühl, zu ersticken und zu ertrinken und dieses kratzige Gefühl im Hals. Wenn ich nachts aufwache, muss ich lange
husten und Tränen laufen aus meinen Augen. Manchmal schlafe ich erst
wieder ein, wenn die Hähne krähen. Dann muss ich wieder aufstehen und
arbeiten.

༄ ༄ ༄ ༄ ༄ ༄

Bäume können nicht weglaufen. Sie bleiben stehen.
Sie stehen einfach da, wenn die Kettensägen kommen.
Sie werden abgesägt und leben im Paradiese weiter.
Nur die Säger sind beunruhigt.
Im Schlaf hören sie noch immer das Summen und Kreischen der Säge,
das Krachen der Äste und Stämme.
Säger können nicht weglaufen.

෨෨෨෨෨

Ute lächelt tapfer, während sich ihre Augen mit Tränen füllen, sich ihre
Beine kreuzen, sich ihre Arme über der Brust verschränken, lächelt Ute
tapfer.

Ute lächelt tapfer, während sich ihre Augen mit Tränen füllen, sich ihre
Beine kreuzen, sich ihre Arme über der Brust verschränken, und während
sie erzählt. dass ihr Vater sie missbraucht hat, bis sie zwölf Jahre alt war
und ein eigenes abschließbares Zimmer bekam, lächelt Ute tapfer.

Ute lächelt tapfer, während sich ihre Augen mit Tränen füllen, sich ihre
Beine kreuzen, sich ihre Arme über der Brust verschränken, während sie
erzählt. dass ihr Vater sie missbraucht hat, bis sie zwölf Jahre alt war und
ein eigenes abschließbares Zimmer bekam, und während sie erzählt, dass
sie mit achtzehn Jahren an einer Unterleibszyste operiert werden musste,
und sie nun, mit achtundzwanzig Jahren, immer noch nichts fühlt, wenn
sie mit ihrem Mann zusammen ist, und während sich ihre Augen mit Tränen füllen, lächelt Ute tapfer.

෨෨෨෨෨

Nun bin ich Fan. Zur Fußballweltmeisterschaft trage ich die volle Ausrüstung: Kappe, Button, Armbinde, Schal, Fahne. Und das alles in Schwarz-Rot-Gold. (Aber man sagt bloß Gold, es ist gar nicht Gold! Es ist bloß Gelb. Ganz normales Gelb. Wer will uns weismachen, es wäre Gold?!) Ich schaue mir jedes Spiel an. Wenn's mit dem Ergebnis nicht klappt, besinne ich mich auf die inneren Werte. (Meine)

෴෴෴෴෴

Nun bin ich die, welche in einer fremden Stadt einen Imbiss sucht. Ich folge einem dicken Mann und denke, wo der hingeht, da muss es gutes Essen geben. Darum laufe ich einfach hinter ihm her.
Und wirklich: Für fünf Euro gibt es herrliches Nasi Goreng.

෴෴෴෴෴

Murks liebt Murks. – Nun murksen wir gemeinsam vor uns hin.

෴෴෴෴෴

Schmerzhaft – scherzhaft – herzhaft.
Was soll das denn heißen? Das ist doch Quatsch mit Soße! Na ja, dann bin ich eben nonsens. Ist auch mal schön.

෴෴෴෴෴

Wenn die Finger anfangen zu brennen, ist die Zigarette zu Ende.

෴෴෴෴෴

Schmuck wie Waffen, metallisch, kalt, hart, schwarz.
Musik wie Waffen, metallisch, kalt, hart, schwarz.
Gedichte wie Waffen, metallisch, kalt, hart, schwarz.
Möbel wie Waffen, metallisch, kalt, hart, schwarz.
Bilder wie Waffen, metallisch, kalt, hart, schwarz.

෴෴෴෴෴

Ach, schenkt mir doch zum Geburtstag einige warme Farben, einige weiche Töne, einige ganz und gar unfunktionale Verzierungen, Schnörkel und Variationen!

ৡৡৡৡৡৡ

Franz hat eine Diagnose bekommen: Hodenkrebs.
Franz hat eine OP bekommen und Strahlentherapie.
Danach will er Franziska besuchen. Die denkt: „Er soll sich gut fühlen. Es soll ihm gut gehen. Wenn er als Kranker zu mir kommt, wird er mich als Gesunder wieder verlassen."
Danach sagt Franz zu Franziska: „Während der Strahlentherapie darf ich auf einen Fall ein Kind zeugen. Aber du, du, du kannst ruhig ein Kind von mir bekommen, das hat dann viiiiier Köpfe und nur ein Beinchen, darum kann es nur hüpfen."
Franz krümmt sich vor Lachen und fährt fort: „Das hat dann 1000 Fingerchen."
Seine Finger eilen über Franziskas Gesicht. Sie schaut ihn an.
Franz grinst: „Na, hast du jetzt deine Diagnose fertig, Frau Psychologin? Mach dir doch nichts vor, es macht dir wohl was aus, dass ich operiert bin. Wenn du in Ordnung wärst, dann würde dir das nichts ausmachen. Du projizierst deine Probleme auf mich."
Nun ist es still.
Franziska sagt: „Ich kann im Wohnzimmer schlafen."
Franz sagt: „Du kannst dich auch neben mich legen."
Es ist still.
Die Stille hält an.

ৡৡৡৡৡৡ

Shit happens. (ist nicht von mir, ist Allgemeingut)

ৡৡৡৡৡৡ

„Welcome to paradise or welcome to hell".
Such dir was aus.

ৡৡৡৡৡৡ

Jetzt geht's aufwärts sagte der Obdachlose, als er drei Flaschen gefunden hatte.

꒰꒱꒰꒱꒰꒱꒰꒱꒰꒱

Die Mutter war ein paar Mal außerehelich unterwegs. – Oh oh!.

꒰꒱꒰꒱꒰꒱꒰꒱꒰꒱

Kinder sind teuer, wenn sie auch noch lieb sind, dann sind sie lieb und teuer.

꒰꒱꒰꒱꒰꒱꒰꒱꒰꒱

Der Haussegen hängt schief. Hauptsache der Hausfluch hängt gerade.
(Blöder Spruch, was ?!)

꒰꒱꒰꒱꒰꒱꒰꒱꒰꒱

Noch einer von der gleichen Sorte: Dein Ja ist grundsätzlich mein Nein.

꒰꒱꒰꒱꒰꒱꒰꒱꒰꒱

Ich will immer alles zu meinen Gunsten haben, besonders auf dem Bankauszug.

꒰꒱꒰꒱꒰꒱꒰꒱꒰꒱

Heutzutage gibt es ja für alles Tee. Ich hatte mich verlesen, ich las Schmutzengeltee. das m war zu viel. Das muss weg.

꒰꒱꒰꒱꒰꒱꒰꒱꒰꒱

Scheißert der Euro, dann scheißert Europa.
Wer hat da gelispelt?

꒰꒱꒰꒱꒰꒱꒰꒱꒰꒱

Liebe ist, auch mal Klappe halten.

৯৯৯৯৯৯

Und wenn du nur einmal im Leben Liebe fühlst, so wird es doch dein ganzes Leben verändern.

৯৯৯৯৯৯

Nun bin ich die vom Leben Enttäuschte. Ich sehe ein, dass ich einem Irrtum erlegen bin, nämlich dem, zu glauben, dass, wenn ich gut zu anderen bin, diese auch gut zu mir wären.
Ich erkenne mich als die, welche ihre eigene Gedanken- und Erlebniswelt auf andere übertragen hat, die sich nun tief enttäuscht vor Schmerzen krümmt und mit den Schuldigen hadert, deren Mann auch noch zum Überfluss sagt: Mit dir kann keiner glücklich werden.
Deren Therapeutin sagt: Solange Sie diese orale Fixierung haben, wird es nicht gehen (Freud'sche Richtung).
Deren Freundinnen sagen: Du bist selber schuld, warum haste den auch geheiratet!
Deren Urlaubsfreund sagt: Ich komme nach Deutschland und bleibe für immer bei dir.
Nee danke, nee lass mal, nee danke, ist nett gemeint.
Aber lass mal. Ich hab schon genug Probleme.

৯৯৯৯৯৯

Auch der bin ich.
Ich lasse immer meine schwarzen Socken an. Immer.
Ich habe einen Gang, als müsste ich Wüsten durchschreiten.
Das musste ich auch in meiner Heimat. Als Soldat.
Mehr darf ich über meinen Dienst nicht verraten.
In Holland am Meer schreibe ich Worte in den Sand, die niemand je lesen wird. Ich warte, bis die nächste Welle die Schrift wegspült.

৯৯৯৯৯৯

Was willst du eigentlich von mir:
Du willst nicht heiraten, keine Kinder, kein Geld, keinen Kredit, keine
Bürgschaft, keinen Garageneinstellplatz.
Du bist nicht obdachlos.
Was in Gottes Namen willst du von mir?

～～～～～

Auf dem Weihnachtsmarkt treffe ich den älteren Herrn wieder. Vor Jahren war ich mal bei ihm zu Besuch. Er erkennt mich nicht wieder. Stolz
sagt er: „Ich bin jetzt vierundachtzig."
„Glückwunsch", lüge ich. „Ich war mal bei Ihnen; Sie haben so schöne
Holzskulpturen aus anderen Ländern."
„Ja, ich bin viel gereist."
„Und Sie hatten eine Bekannte, eine junge Frau, die ist dann ausgewandert, haben Sie mir erzählt. Die war schon in sehr jungen Jahren Ihre Geliebte. Schon mit sechzehn. Sie fühlten sich verantwortlich für sie, und das
lebenslang."
„Ja, das stimmt, alles. Ich habe völlig vergessen, dass Sie mich besucht
haben. Wie viele Stufen sind es denn zu meiner Wohnung?"
„Das weiß ich nicht, ich habe sie nicht gezählt."
„Es sind achtzig, ich wohne im dritten Stock. Wie ging es denn mit uns
weiter?"
„Na ja, wir waren verabredet für Karneval, aber am Abend zuvor rief Ihre
Bekannte an, Sie möchten sie am Flughafen abholen."
„Was Sie noch alles wissen!"
Der ältere Mann tritt einen Schritt zurück, mustert mich von oben bis
unten.
„Darf ich Sie zu einem Kaffee einladen?"
„Danke, das ist nett, aber ich hatte schon Kaffee."

～～～～～

Nun bin ich die Interviewerin: Kurze Frage – kurze Antwort.
„Willst du heiraten?"
„Nein."
„Willst du Single sein?"
„Nein."
„Was willst du denn?"
„Ich will doch nur Schokolade."

৵৵৵৵৵

Leo sagt, sein Leben sei sinnlos.
Leo ist zweiunddreißig, Einzelhandelsverkäufer, ledig, hat keine Freunde und wenig Hobbys.
Irgendwann hat er beschlossen, seine Sinne abzustellen, um nicht mehr zu leiden. Seitdem ist sein Leben Sinn-los.

Leo sagt, sein Leben sei sinnleer.
Leos leben ist übervoll, übervoll mit Angst, Trauer und Zorn.
Irgendwann hat er beschlossen, dass es leer sei, damit es nicht überlaufe.
Seitdem ist sein Leben Sinn-leer.

Leo sagt, er sei gefühllos.
Leo fühlt zu viel.
Irgendwann hat er beschlossen, um nicht mehr alles fühlen zu müssen, nichts mehr zu fühlen.
Seitdem ist Leo Gefühl-los.

৵৵৵৵৵

Meine Depression ist bestrebt, das Schuldenkonto aufrechtzuerhalten im Sinne von: Ihr seid Schuld!

৵৵৵৵৵

Stützen allein ist noch kein Unterstützen.

৵৵৵৵৵

Manche versterben auf dem Wege der Besserung.
Dann haben sie wenigstens diese schöne Phase erlebt.

૱૱૱૱૱

Gewalt ist der Versuch, es der Welt heimzuzahlen.

૱૱૱૱૱

Jetzt schlag ich aber zu auf eigene Faust.

૱૱૱૱૱

Gerne bin ich die Gewalt, ich versuche, es der Welt heimzuzahlen.
Klappt schon ganz gut.

૱૱૱૱૱

Es wurden Fehler gemacht während des Bombenkrieges.
(Einleitung zu einer Fernsehreportage)

૱૱૱૱૱

Ich brauche nicht das Glück,
ich brauche nur das Geld.
Hände hoch!

૱૱૱૱૱

Zeig mir deinen Mittelfinger und ich sage dir, wer du bist.

૱૱૱૱૱

Das ist einer, der schöne Liebesgedichte schreibt und zu Hause seine Frau
schlägt.

૱૱૱૱૱

Wenn ich nicht eine Frau des Friedens wäre, würde ich ihr jetzt eine La-
dung Schrot zwischen die Rippen jagen.

❧❧❧❧❧

Forscher fanden heraus, dass Menschen verglichen mit Tieren eher ko-
operativ miteinander umgehen.
Den Forschungsbericht möchte ich sehen!

❧❧❧❧❧

Die beiden Äpfel auf der Truhe lagen weit auseinander.
Ich legte sie nahe zusammen, sodass ihre Wangen sich berührten.

❧❧❧❧❧

Wer Wind sät, wird Sturm ernten.
Wer Sturm sät, wird Orkan ernten.

❧❧❧❧❧

Es war nicht der erste Streit zwischen den beiden, aber es war definitiv
der letzte.
Einer blieb nämlich liegen.

❧❧❧❧❧

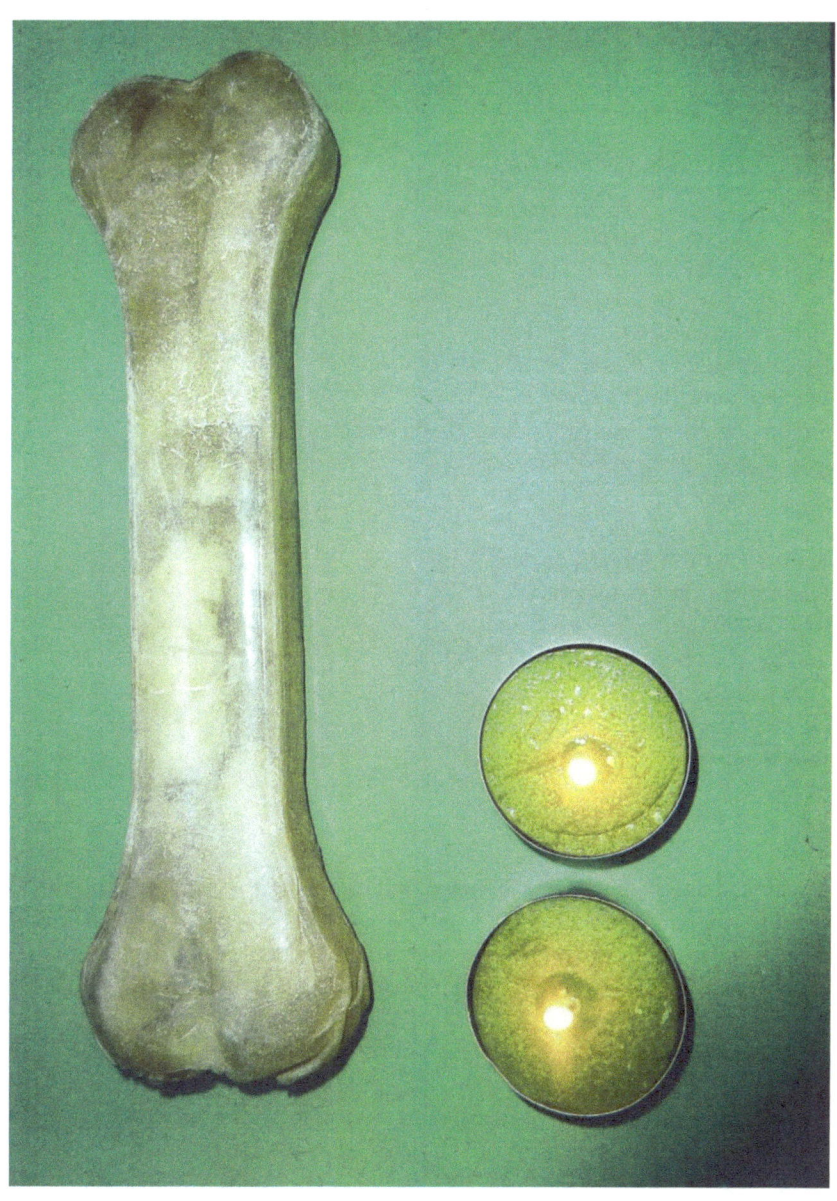

Dreh die Sicherung raus, bevor ich durchknalle!

�∞∞∞∞

Die größte Tat in meinem Leben ist, dass ich nichts Schlimmes getan
habe.

∞∞∞∞∞

Wie weit willst du noch gehen?
Bis zum bitteren Ende.
Warum willst du das tun?
Suche doch lieber die Süße des Lebens (auf).

∞∞∞∞∞

Selbstmord aus Angst vor dem Tod?
Kann nicht die Lösung sein.
Ruf die 110 an.
Tu das Not-wendige.
Lass dich retten.

∞∞∞∞∞

Liebe Eli,

ich habe deinen Schutzengel gebeten, auf dich aufzupassen. Er hat ge-
nickt.
Es geht nicht mehr darum, dein Leben zu korrigieren, es geht (nur noch)
darum, es zu erhalten. Ich hab' nämlich keine Lust, an deinem Grabe zu
stehen.
(reiner Egoismus)

Engel, haltet die Gasleitung dicht!

∞∞∞∞∞

Madeleine ist eine junge Frau, warmherzig, empfindsam und zart.
Jacques, der Traummann, heiratet Madeleine, die Traumfrau.

Madeleine bekommt einen Traumsohn. Die Ehe zerbricht. Madeleine
bleibt allein mit dem Kind ihrer Liebe, ihr Mann besucht sie gelegentlich,
alles in Freundschaft.

Ein paar Jahre noch, dann kann Madeleine nicht mehr. Sie gibt Zeichen,
niemand versteht sie. Madeleine sammelt Schlafmittel, will sie nehmen an
einem Wochenende, wenn ihr Sohn beim Vater ist. Aber ihr Sohn will
nicht mitgehen, klammert sich an sie.

Am Abend gibt sie ihm Schlafmittel mit Hustensaft, er nimmt es gern. Sie
legt ihn zu Bett, deckt ihn warm zu. Dann nimmt sie selber Schlafmittel,
schläft ein. Erwacht drei Tage später auf der Intensivstation.

Während ihr Sohn beerdigt wird, sieht Madeleine hinter den Gitterstäben
die ersten Schneeflocken fallen und schreit nach ihrem Sohn, dem Kind
ihrer Liebe.

Madeleine bekommt einen Prozess, einen Staatsanwalt, einen Rechtsan-
walt, einen Gutachter, einen Richter, und ein Urteil im Namen des Vol-
kes.

Die Presse ist geil: Eine schöne Frau wollte sich töten und ihren Sohn.
Sohn tot, Mutter überlebt.

Bei der Urteilsverkündung denkt Madeleine flehentlich:
Bitte, bestrafen Sie mich, ich habe Unrecht getan, bitte sprechen Sie mich
nicht frei!

Sie bekommt mildernde Umstände, man berücksichtigt außergewöhnliche
Bewusstseinszustände während der Tatzeit.

Sie wird schuldig gesprochen des erweiterten Selbstmords, bekommt zwei
Jahre auf Bewährung und nimmt das Urteil an.
Madeleine geht zurück in ihren Beruf, sie nimmt das Leben auf sich, um
einen Tod zu sühnen, den Tod am Kind ihrer Liebe.

Doch jedes Jahr, wenn hinter und vor den Gitterstäben die ersten Schneeflocken fallen, wird Madeleine krank.

Zuerst liegt sie nur apathisch im Bett, kann sich nicht mehr bewegen,
nachts steht sie auf und irrt umher.

In Bahnhöfen, in Unterführungen, auf Bahngleisen, in Kneipen, einsamen
Gegenden sucht sie das Kind ihrer Liebe.

Mehrmals versucht sie, sich das Leben zu nehmen, es geht nicht, sie muss
leben, kann nicht sterben, vergessen.

Man bringt sie zum Notarzt, in Kliniken, zur Polizei, man gibt ihr Medi-
kamente, zehn Winter lang, man sperrt sie ein. Man sagt: reaktive Depression.

Kein Arzt, kein Gericht, keine Droge, kein Gott und kein Mensch kann
Madeleine erlösen, außer sie selbst.

Madeleine kann sich erlösen, wenn sie sich selbst und dem Sohne verzeiht
und wenn sie fühlt: Sie selbst ist das Kind ihrer Liebe.

Sie selbst ist das Kind ihrer Liebe, das sie getötet hat, sie kann sich selber
erlösen, wenn sie es leben lässt.

৵৵৵৵৵৵

Erscheine mir wieder,
26,
ich brauche dich.
Erscheine mir in irgendwelchen Haus-, Auto-, Telefon-, Bestell- oder
sonstigen Nummern. Du gibst mir Trost und Kraft.
Deine Quersumme,
die 8,
ist ewig.

৵৵৵৵৵৵

Wollen Sie wissen, warum Max, dessen Bruder E 605 nahm, an Lungenkrebs erkrankt ist?

Gunther, der eigentlich Jacqueline werden sollte, nachts in Frauenkleidern durch die Straßen läuft und einen Mann sucht?

Hedwig, die ihren Namen von ihrer verstorbenen Schwester erhielt, zu nichts Lust hat?

Mark, bei dem es zu Hause so eng war, immer wieder ins Gefängnis muss?

Dorothea, die alles hat und alles bekommt, klaut?

Nico, der geschlagen wurde, sich immer wieder selber schlägt?

Helga, die man nie aussprechen ließ, stottert?

Michael, den seine Mutter verließ, als er zwei Jahre alt war, alle seine Freundinnen verlässt?

Ursel, die unter Alkohol gezeugt und unter Medikamenten geboren wurde, nicht von den Drogen loskommt?

Josef, der in seiner Familie nur Unglück hatte, in Spielhöllen geht?

Rainer, den seine Mutter nie ansah, so unscheinbar bleibt?

Ulrike, deren Vater sie missbrauchte und ihr Geld dafür gab, auf den Strich geht?

Marita, die sich nicht berühren durfte, sich die ganze Zeit wäscht?

Bernhard, der während seiner Geburt stecken blieb, keine Aufzüge benutzen kann?

Peter, dem sein Vater immer gesagt hat, er sei dumm und könne nichts, keinen Schulabschluss hat?

Tanja, die sich zu Hause auf nichts verlassen konnte, durch die Welt streunt?

Wollen sie dies alles wissen?

Sie wissen es!

৵৵৵৵৵৵

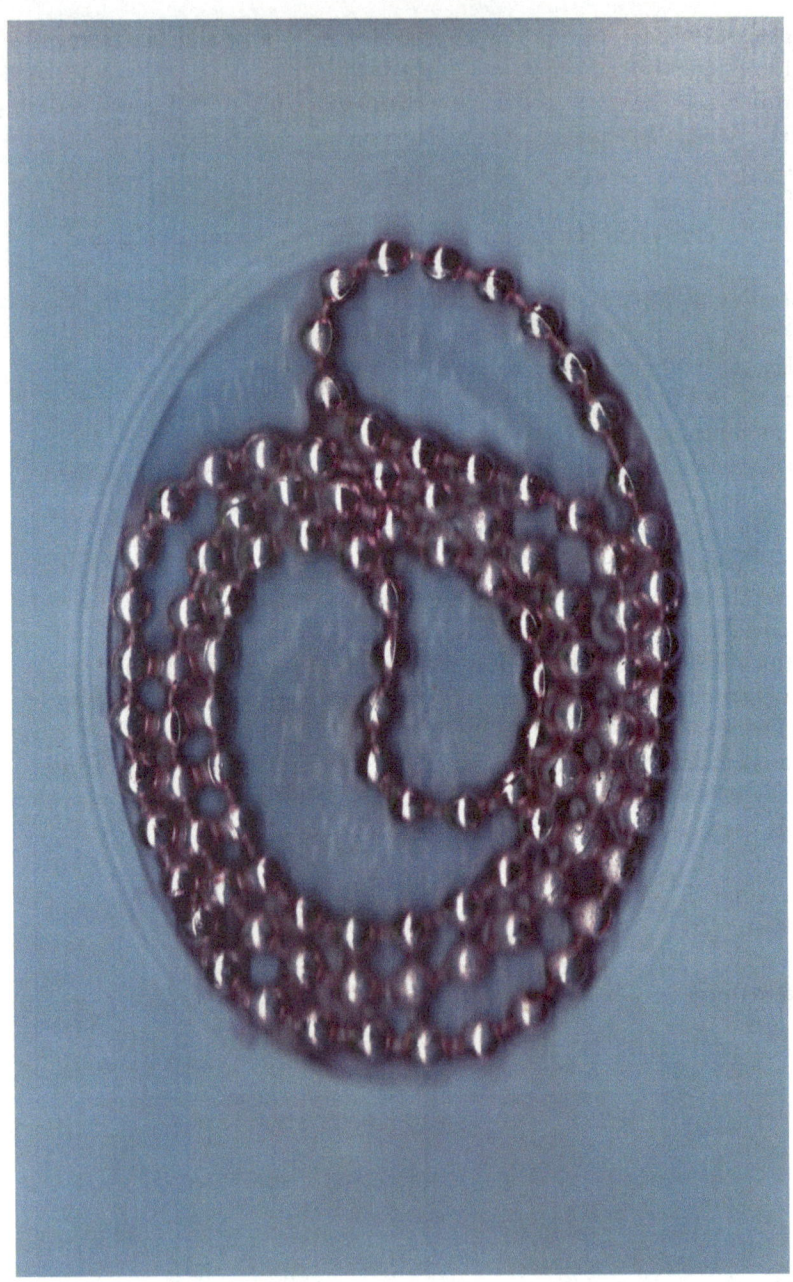

„Sie ist eine Heilige", sagte O zu A. „Sie weiß es nur nicht."
„Vielleicht deshalb", antwortete A.

ༀༀༀༀༀༀ

Alle potenziellen Selbstmörder, die ich im Laufe der Zeit kennenlernte, sagten: „Ich will nicht mehr leben."
Und viele, die längere Zeit zu mir kamen, fanden heraus, dass ursprünglich die Umstände ihrer Geburt, die traumatisch waren – Sauerstoffmangel, Herzstillstand – ihnen eingegeben hatten: Du sollst nicht leben! Und dass jeweils die Art des geplanten oder versuchten Selbstmordes dem Drama ihrer Geburt entsprach, und dass sie in dem Versuch zu sterben, eigentlich das Trauma überwinden und zum Leben kommen wollten, sodass sie nun lernen mussten, Probleme gewaltlos und lebend aufzulösen.
Andere fanden heraus, dass ursprünglich die Umstände ihres Lebens – Not, Hunger, Entbehrungen, Isolation – ihnen eingegeben hatten: Du sollst nicht leben! Und dass sie nun im Begriff waren, diesen unheilvollen Auftrag in die Tat umzusetzen, und sie fanden, dass es nun an der Zeit wäre, selbst zu entscheiden, das zu tun, was sie wollten, und nicht das zu tun, was sie nicht wollten.

ༀༀༀༀༀༀ

Ach, E.T., wie gerne würde ich wie du nach Hause telefonieren, aber ich bekomme keinen Anschluss.
Ich glaube, mein Planet ist kaputt.

ༀༀༀༀༀༀ

Die Verkäuferin im Supermarkt wundert sich immer, dass ich so viele Haushaltsrollen kaufe, mit dem Namen wisch und weg, dick und durstig, softy oder der Marke No Name. Sie glaubt, ich sei eine fleißige Hausfrau. Ich bin keine fleißige Hausfrau. Zu mir kommen lediglich Menschen mit Schnupfen, mit Husten, der Heiserkeit, mit Kiefernhöhlenverstopfungen, mit den Verschleimungen, mit den vielen Tränen.

Aber das mag ich im Supermarkt nicht sagen. Ich sage: „Ja, ja, bei mir gibt es immer … sehr viel zu putzen."

ॐॐॐॐॐ

Gerd ist zweiundzwanzig. Er hat einen Motorradunfall. Er bleibt querschnittsgelähmt. Er hat Suizidgedanken, bis seine Eltern zu ihm sagen: „Gerd, wir brauchen dich."

ॐॐॐॐॐ

Betrifft: Loch im Helm

Erinnerst du dich? Du und ich in Amsterdam. Wir in einem Secondhandshop. Und da lag doch tatsächlich ein Helm. Kein gewöhnlicher Helm. Es war ein Zweiter-Weltkrieg-Helm.

„Na und", fragst du, „was ist denn da Besonderes dran?"

„Na ja, besonders ist schon, dass er in einem Secondhandshop angeboten wird zum Kauf, aber das noch viel Besondere ist das Loch! Das Loch!"

„Ach Gott", sagst du.

Ich fahre fort: „Ja, das Kriegskugeleinschussloch."

Wir starren fassungslos darauf und dann in das Loch hinein. Es war ein glatter Durchschuss. Durchschuss Helm, Richtung Schädeldecke.

Wir kommen zurück von unserem Secondhandshop-Rundgang, da klebt doch tatsächlich ein Pflaster auf dem Loch von dem Kriegskugeleinschuss. Ich bin sicher, der Secondhandshop-Besitzer hat bemerkt, dass wir fassungslos auf das Einschussloch gestarrt hatten und kurzerhand ein Pflaster darauf geklebt.

Warum ich dir das heute erzähle? – Bloß so.

ॐॐॐॐॐ

Nicolai, ich spreche nicht zu dir, ich spreche zu deinem heilen Kern, zu deinem wahren Selbst.
Am Heiligen Abend haben wir roten Krimsekt getrunken und angestoßen auf Glasnost, Perestroika und Gorbatschow, was nicht bedeutet, dass wir auf den Kapitalismus getrunken hätten, auch nicht auf den Kommunismus, auf überhaupt keinen Ismus, wir tranken auf eine Idee, auf Freiheit und Gleichheit.

Und auch auf dich, Nicolai, auf deine Wende. Aber es war nie zu spät ... am nächsten Tag warst du schon tot samt deiner Frau Elena. In dem zweistündigen Verhör durchliefst du die Phasen des Sterbens.
Erste Phase – leugnen: „Ich weiß von nichts, habe nichts getan, erkenne dieses Gericht nicht an, sage nichts mehr."
Zweite Phase – Zorn.
Zur dritten Phase, der Trauer über dein Leben oder über deinen Tod, kamst du nicht mehr. Da warst du schon tot, samt deiner Frau Elena.
Du wirst es schwer haben, jetzt, wo alles vorbei ist für dich. Du wolltest vielfacher Vater sein und viele Söhne haben. Du hast sie dir genommen aus Familien und Heimen.
Man hat sie in Lager gebracht, ihnen ihr Kindsein ausgetrieben und dich ihnen zum Vater gegeben, für den sie alles gaben, sogar ihr Leben. So konnten sie auch auf schwangere Frauen schießen und auf Kinder. Sie schossen sich selber tot, ohne zu fühlen.
Nicolai, ich spreche nicht zu dir, ich spreche zu deinem wahren Selbst, zu deinem heilen Kern.
Wo ist das Kind, das du einmal warst und welches du bist? Wo sind deine Tränen?
Ich trinke roten Krimsekt auf dich und wünsche dir deine Wende.

৵৵৵৵৵৵

1945

Mein ältester Bruder ist damals siebzehn Jahre alt. Er war Flakhelfer. Er hat das Eiserne Kreuz bekommen. Als der Krieg zu Ende war, hat er es verschwinden lassen. Ungelogen, er hat es zwischen den Wurzeln einer Eiche verbuddelt. In Deutschland gibt es ausschließlich deutsche Eichen. Nach dem Krieg hat er sein ganzes Leben lang nie über den Krieg gesprochen. Mit seinem jüngeren Bruder hat er sich nicht verstanden. Erst kurz vor Schluss haben sie sich ausgesöhnt.

Der nächste Text handelt von meinem anderen Bruder. Der war damals fünfzehn.

❧❧❧❧❧

Mein Bruder hat ein Bein verloren. Auf einem Acker. Durch eine Mine. Es war eine deutsche Mine, obwohl, Minen haben keine Nationalität. Minen werden gemacht, um zu töten; einen Mann, eine Frau, ein Kind, ein Tier. Minen haben (wie Bomben) keine Vorurteile. Sie haben keine Urteile. Sie sind nicht gut – sie sind nicht böse. Minen explodieren halt, wenn einer drauftritt. (meistens)

Bomben explodieren, wenn einer sie aus dem Flugzeug fallen lässt. (auch meistens)
In diesem Jahr hat mein Bruder Jubiläum. Siebzig Jahre Bein ab. Siebzig Jahre beinlos, links. Sie wissen sicher, dass Beine nicht nachwachsen. Beim Menschen. Strudelwürmer können Kopf und Teile ihres Schwanzes nachwachsen lassen. Salamander Herz, Schwanz, Augen, Gehirn und Rückenmark. Beim Menschen wachsen nur Haare und Nägel nach.

Mein Bruder hat sein Bein gar nicht verloren. Er hat es geopfert. Dem deutschen Volke und den Waffenherstellern. Stimmt nicht! Fünfzehnjährige opfern keine Beine. Opfern ist freiwillig. Bei ihm war nichts frei und nichts willig.

Sie haben ihm sein Bein geklaut. Unter Lebensgefahr. Seiner. Wie wollen die das je wiedergutmachen? Wollen die das überhaupt? Minen, Bomben, alle Waffen bringen Gewinn.

Damals wie heute. Heute mehr denn je.

Wenn man an mehr glaubt als an die, dann, ja dann könnte man hoffen, dass mein Bruder im Jenseits wieder rennen und springen kann, wie eben ein Fünfzehnjähriger rennt und springt.

Er hat was nachzuholen.

෧෨෧෨෧෨෧෨෧෨

Où est la guerre?
Wo ist der Krieg?
Er ist überall.
In dir, in mir, in Gott.
Es hat geklingelt.
Gott steht vor der Tür.
Gehst du bitte und öffnest?
Ich habe keine Kraft mehr dazu.
Öffne die Tür, lasse ihn herein.
Verbinde dich, verbünde dich.
(Wollen Sie den Krieg oder wollen Sie die Liebe?)

෧෨෧෨෧෨෧෨෧෨

Ich bin Worte.
Mir gibt es nichts hinzuzufügen.

෧෨෧෨෧෨෧෨෧෨

Ich bin der Norden.
Das Schönste an mir ist der Karneval, gell?!

෧෨෧෨෧෨෧෨෧෨

Man lebt nur ein Mal.
Das ist noch nicht raus.

෧෨෧෨෧෨෧෨෧෨

Wo kein Problem, da keine Lösung.

࿊࿊࿊࿊࿊

Ich bin die Zeit.
Ich habe Zeit.
Ich bin ja die Zeit.

࿊࿊࿊࿊࿊

Alles oder alles. Nichts oder nichts.
Alles oder nichts. Nichts oder alles.

࿊࿊࿊࿊࿊

Ich weiß nicht, wer du bist. Wer bist du denn?
Das weiß ich selber nicht. Frag mich was Leichteres.

࿊࿊࿊࿊࿊

Auch die Stille ist Ton.

࿊࿊࿊࿊࿊

Pflegen wir den kontrollierten Wahnsinn.
Sonst wird's turbulent. Sonst wird's furchtbar.

࿊࿊࿊࿊࿊

Wir brauchen mehr unbekannte Soldaten.
Sag das nicht noch einmal!

࿊࿊࿊࿊࿊

Wenn der Krieg weint,
ist der Friede nahe.

࿊࿊࿊࿊࿊

Ein Alkoholiker, Vater von vier erwachsenen Kindern, hatte eine Entziehungskur gemacht und war nun „trocken". Er und seine Frau luden die Kinder zum Heiligen Abend ein, zur Weihnachtsfeier.
Sie sagten, dass es an dem Abend keinen Alkohol geben würde, weil Papa ja nun „trocken" wäre.
Die Kinder sagten: „Wenn es nichts zu trinken gibt, dann kommen wir nicht."

ᕤᕤᕤᕤᕤ

„Dein Bier ist nicht (mehr) mein Bier. Ich steige aus."
Sagt die Frau des Alkoholikers zu ihrem Mann.

ᕤᕤᕤᕤᕤ

Silvester. Bank. Vorraum.
Ein Luxusrollstuhlfahrer im Pelzmantel bittet mich, eine bestimmte Taste zu drücken. Er könne die nicht erreichen. Stimmt. Die Automaten sind zu hoch, zu hoch für einen Rollstuhlfahrer.
Mach ich doch gerne. Drücke die Taste. Lese vor: „Keine neuen Auszüge."
Das gefällt dem Luxusrollstuhlfahrer nicht. Er schreit: „Die sollte man …"
Vor lauter Schreck vergesse ich sofort, was man die sollte. Schutzfunktion. Ich bringe noch raus: „Wir wollen doch nicht so was sagen."
Daraufhin schreit der Rollstuhlfahrer: „Doch, doch, das wollen wir wohl! Morgen ist der Erste und die haben immer noch nicht die Miete an mich überwiesen."

ᕤᕤᕤᕤᕤ

Stefan mit f.
der, welcher damals gesteinigt, heute noch immer umgeben von Steinen sein Leben führt.
Stefan mit f, entsteine dich, entsteinige dich.

ᕤᕤᕤᕤᕤ

Nagelbettentzündung. Was will die mir sagen? Erinnern an Folter?
Wozu erinnern?
Um zu heilen. Um zu heilen und zu vergeben. Ja, denn dieses Mal wird
nichts herausgerissen. Es wird behandelt mit Kamillensalbe. Beschützt mit
Hansaplast. Es wird gehegt und gepflegt. Und alles vergeben.
Im Nagelbett bildet sich bereits ein neuer.

෴෴෴෴෴

Wer seine Vergangenheit nicht kennt, verliert sich darin.

෴෴෴෴෴

Die Heilerin aus B. zieht mir unversehens 8, in Worten acht Männer aus
dem Wirbelkanal. Das sagt sie jedenfalls. Sie setzt ihre Hände auf meinem
Steißbein auf und gleitet dann mit ihnen die Wirbelsäule hoch bis zum
Scheitel. Dann, mit einem Ruck, zieht sie sie raus. (die Männer). So sagt
sie jedenfalls. Danach schüttelt sie heftig ihre Hände und Arme, als ob sie
etwas weit wegschleudern wollte. Wo das Weggeschleuderte abgeblieben
ist, weiß ich bis heute nicht. Damals bin ich viel zu erstaunt, um das zu
erfragen. Eines interessierte mich doch: „Sie sagen, es waren acht. Wo
waren denn die anderen?"
„Die haben nichts in Ihnen hinterlassen."
„Hä? Wie bitte?"
„Also nichts, also mental nichts hinterlassen."
„Ach so, da bin ich aber froh, dann bin ich jetzt wieder ganz und gar ich
selber, ohne die acht im Wirbelkanal."

Doch, es lässt mir tagelang keine Ruhe. Angenommen, diese Frau hätte
tatsächlich diese Männer aus mir rausgezogen – ich folge jetzt einfach mal
ihrer Version –, ich meine, man kann nicht einfach Leute vertreiben, ohne
ihnen etwas Neues anzubieten, einen Hinweis auf einen besseren Zustand,
seelentechnisch. Sich im Guten trennen statt Rausschmiss, statt eine Art
Exorzismus anzuwenden. Das meine ich.

Also Tschö, liebe Jungs, vielen Dank noch und gute Reise! Macht's man
gut! Yippie!

෴෴෴෴෴

1. Strophe

Frau Erleuchtung traf Herrn Karma und fragte ihn:
„Haben sie es schon gehört? Auf dem letzten esoterischen Seminar bekam
ich die Erleuchtung."
Da bekam Herr Karma so viel Wut, dass er Frau Erleuchtung totschlug.
So mussten sie sich – nach den Gesetzen der Esoterik …

2. Strophe

… im nächsten Leben wiedertreffen.
Frau Erleuchtung traf Herrn Karma auf einem spirituellen Workshop
wieder, sie erkannte ihn, auf seiner Matte kniend, in Meditation versun-
ken.
Da bekam Frau Erleuchtung so viel Wut (oder war es Frau Karma?), dass
sie nun ihrerseits Herrn Karma (oder war es Herr Erleuchtung?) totschlug.
undsoweiterundsofortundwennsienichtaufgeörthabendamit
dannmachensieheutenochweitermitdererstenstrophe

৯৯৯৯৯

BISTE TOT?

NEE, NICHT WIRKLICH.

WÄR AUCH NICHT SCHLIMM,

ICH KOMME MONTAG SOWIESO WIEDER.

SO ODER SO.

৯৯৯৯৯

Ich kaufte eine Buddhafigur. Eingepackt in Zeitungspapier, steht sie auf dem Schrank.
An dem Tag, an dem ich die Liebe finde, werde ich sie auspacken – vielleicht an Weihnachten.

༚༚༚༚༚

Glauben heißt, etwas wahr machen.

༚༚༚༚༚

„Du bist ein Teufel."
Antwort: „Man bemüht sich."

༚༚༚༚༚

Da haben wir es wieder:
Das ewige Jetzt.

༚༚༚༚༚

Ewige Verdammnis ist nicht göttlich.
Ewige Verdammnis ist menschlich gedacht.
(Papi will NIEEE wieder was von dir wissen.
Mami hat dich NIEEE wieder lieb.)
Für Kinder hat das Ewigkeitscharakter.

༚༚༚༚༚

Kennen Sie die Gnade der Tränen oder nur die Ungnade des Reizhustens?

༚༚༚༚༚

Stell verdammt noch mal die Vögel ab.
Ich will noch was schlafen.

༚༚༚༚༚

Nun bin ich der Küster.
Auf dem Heckenweg treffe ich die Kirchgängerin. „Ich tu dir nichts, mein Engelchen", flüstere ich, während ich ihren Hals küsse.
Im Jahre des Herrn 2014.
Ich sehe sie nie wieder, die kleine christliche Dame, sie kommt nicht mehr zum Gottesdienst.

෮෮෮෮෮

Ham Se mal 'n Himmel für mich?
Lieber Himmel oder liebe Hölle –
Sie haben die Wahl.

෮෮෮෮෮

Engelfiguren, wie gehen die?
Vor Weihnachten gehen die gut.

෮෮෮෮෮

Du bist nicht mein Problem,
du bist meine Lösung.

෮෮෮෮෮

Man stirbt nicht allein, es sei denn, man wünscht es.
Ansonsten sind gute „Leute" dabei, Sichtbare oder/und Unsichtbare.
Während man Namen stammelt und nach dem „Aus-Weg" sucht.

෮෮෮෮෮

Glauben ist was für Ungläubige.
Wer weiß, der weiß.
Der muss nicht mehr glauben, der weiß nämlich.

෮෮෮෮෮

Gutmensch finde ich gut, Schlechtmensch auch.
Mensch ist Mensch. Eben.

࿓࿓࿓࿓࿓

Wenn du dich mit dem Bösen verbindest, wundere dich nicht, wenn das
Böse dich findet.

࿓࿓࿓࿓࿓

Weißt du, wie viel Sternlein stehen?
Nee!

Nach langer und schwerer Kritik verstarb am Freitag unser geschätzter Mitarbeiter.

৵৵৵৵৵৵

Pax wo bist du, Pax wo bist du?

৵৵৵৵৵৵

Im Vietnamkrieg sind mehr als 58.000 US-Soldaten gefallen.
Im und nach dem Krieg haben sich ca. 60.000 US-Soldaten das Leben genommen.
Es sind zirka anderthalb Millionen Vietnamesen im Krieg umgekommen, also getötet worden.
Jetzt, in der vierten Generation, werden noch immer Kinder mit den furchtbarsten Verkrüppelungen geboren, ihre Vorfahren waren mit dem Entlaubungsmittel Agent Orange in Berührung gekommen.

৵৵৵৵৵৵

Es war einmal ein Papst, der wurde als Hoffnungsträger für die Kirche, als Lichtbote, Reformer und Erneuerer gesehen. Ihm unterstehen die 120 Kardinäle der Kurie. Das sind die älteren Herren mit den Käppis auf dem Kopf und den Schärpen um den Bauch.

Welche Farbe hat so ein Kardinalskäppi? War das rot oder lila? Schnell mal nachsehen im Internet. Gebe also ein: Kardinalskäppi Farbe. Daraufhin erscheint: Farbe für Neuanstrich/Profi-Farben von Baufix/ über 2000 Farben.

Nun gebe ich ein: Kardinalskäppi welche Farbe – daraufhin erscheint: Es wurden keine Seiten gefunden.

Also versuche ich es ausführlich mit: Welche Farbe hat die Kopfbedeckung der Kardinäle – und, siehe da, die Antwort: scharlachrot. Ich erfahre noch mehr, nämlich dass dieses runde Käppi mit der kleinen Antenne obendrauf Pileolus heißt. Es ist aus Moiré, was immer das ist. Moiré für die Kardinäle, für die anderen Würdenträger aus – so wörtlich – einfacher Seide.

Ich denke, Seide ist Seide, und sehe diese als etwas Besonderes an. Besonders und kostbar. Es war ein großes Glück für mich, wenn ich mir mal ein Tuch aus Seide leisten konnte (und nicht aus Synthetik oder Baumwolle). Wenn ich mich recht erinnere, waren es vier Seidentücher; das ist nicht viel auf ein Leben gerechnet.

Aber was rede ich hier von meinen privaten Angelegenheiten. Hier geht es nicht um meine Schals, hier geht es um die Kopfbedeckungen von Kardinälen, das ist eine ganz andere Liga.

Also nun zu der Weihnachtsansprache. Der Papst beginnt mit Dank- und Segenswünschen an die Kurie. Dann zählt er die fünfzehn Krankheiten der Kurie auf, das seien die kurialen Krankheiten. Dabei schließt er nicht sich selber als einen Miterkrankten ein, sondern richtet sich ausschließlich an seine „Lieben Brüder", die Kurienkardinäle.

Es war einmal ein Papst, der wurde als Hoffnungsträger für die Kirche, als Lichtbote, Reformer und Erneuerer gesehen. Er hielt eine Weihnachtsansprache an seine Kurie. Er zählte fünfzehn kuriale Krankheiten auf. Ich an dieser Stelle möchte die nicht wiederholen. Milliarden Menschen hörten und sahen zu, und noch heute können Sie die Rede im Internet aufrufen.

Ich sehe die Kurienkardinäle im Halbkreis um den Papst platziert. Einige haben die Hände zu Fäusten gefaltet, andere sie übereinander gelegt, die untere Hand mit der oberen festhaltend, wieder andere geöffnet auf den Oberschenkeln abgelegt.

Ich frage mich, ob denn Franziskus keinen Berater hat, der ihm hätte sagen können: „Franziskus, bei aller Liebe, bei allem Verständnis für dich und deinen Frust, so kannst du nicht mit denen reden. Rede einzeln mit ihnen, oder in kleinen Gruppen, lobe sie auch und dann kläre sie respektvoll über Missstände auf, gewinne sie für ein gemeinsames Ziel …".

Die letzten Sätze der fünfzehnten Krankheitsbeschreibung lauten so: „… Auch diese Krankheit schadet dem Leib sehr, denn sie bringt Menschen dazu, den Gebrauch jeden Mittels zu rechtfertigen, um ihr Ziel zu erreichen, oft im Namen der Gerechtigkeit und der Transparenz! Ich denke an einen Priester, der Journalisten anrief, um private und vertrauliche Dinge über seine Mitbrüder zu erzählen – und zu erfinden. Für ihn zählte nur, sich auf den Titelseiten zu sehen, denn so fühlte er sich ‚mächtig und interessant' – aber er hat den anderen und der Kirche sehr geschadet. Der Arme!"

Der Papst brauchte keinen Journalisten anzurufen … Für ihn war das nicht nötig, denn die Journalisten liefen ihm von sich aus den Petersdom ein. Seine Rede wurde weltweit ausgestrahlt, und Sie können den gesamten Text im Internet aufrufen, die kurialen Krankheiten 1 bis 15.

Franziskus sagte am Schluss über den uns unbekannten Priester, der einen Journalisten anrief: „… denn so fühlte er sich ‚mächtig und interessant' – aber er hat den anderen und der Kirche sehr geschadet. Der Arme!"

Alles bloß Sprüche:
Wer schreibt, der bleibt – und nicht nur der.

෨෨෨෨෨෨

In der DDR gab es keinen „Lieber Gott".
Dafür gab es einen „Lieber Walter".

෨෨෨෨෨෨

Auf den Seiten „Lokales" gibt es viel regionalen Bluff zu lesen …
Auf den Seiten „Überregionales" gibt es viel internationale Politik zu lesen.

෨෨෨෨෨෨

Wenn im Herbst die Blätter runterfallen und im Frühling alles wieder grün wird – das ist Liebe.

෨෨෨෨෨෨

Ich glaub' ich spinne, sagte die Spinne.

෨෨෨෨෨෨

Die häufigste Nebenwirkung beim Sterben ist der Tod.

෨෨෨෨෨෨

Wir sind ohnehin unkaputtbar!

෨෨෨෨෨෨

Es war Liege auf den ersten Blick. Dann krachte alles zusammen.

෨෨෨෨෨෨

Zum Schluss werde ich mit einem Zettel am Zeh rausgetragen.
Ich laufe gern barfuß, und der Namenszettel ist gut,dann kann ich immer nachlesen, wie ich heiße bzw. wie ich hieß.

꙳꙳꙳꙳꙳

Nun bin ich der Spinner bzw. die Spinnerin.
Das kann man nicht erlernen. Entweder man ist es oder man ist es nicht.
Als Spinner höre ich nie auf zu spinnen.
So manches Mal verfange ich mich in meinem eigenen Spinngut. Dann muss ich ziemlich strampeln, um da herauszukommen.
Vielleicht höre ich doch noch mal auf zu spinnen, wenn ich alt und gebrechlich bin. Am Rollator gibt es nicht mehr viel zu spinnen. Spätestens im Vollzeitpflegebett meldet sich die Wahrheit zu Wort.

꙳꙳꙳꙳꙳

Noch 'ne Kurzgeschichte:
Interview eines Reporters mit einem Herrn von der Bauaufsicht Ende 2014:
„Wie lange wird die Leverkusener Brücke noch halten?"
„Das kann ich Ihnen leider nicht sagen, das ist wie mit der Oma auf der Intensivstation, da weiß auch keiner, wie lange es noch dauert, wie lange die's noch macht."

꙳꙳꙳꙳꙳

„Das ist doch kein Leben", sagten die Verwandten, nachdem sie Mathilde besucht hatten.

„Die saß nur so da, starrte vor sich hin, redete nicht, antwortete nicht, hat sich nicht über unseren Besuch gefreut. Dabei sind wir 250 km gefahren, hin und zurück. Nach dem Besuch im Altenheim waren wir noch im Café. Der Kaffee ist aber teuer in Köln. Dann haben wir den Schrein der drei Könige besucht. Eindrucksvoll! Eindrucksvoll! Tolle Arbeit, alles aus Gold. Sollte jeder mal gesehen haben.

Dann sind wir heimgefahren. Morgen beginnt wieder die Arbeit.

Jetzt sind wir wenigstens mal da gewesen."

„Was wollen diese Leute hier", denkt Mathilde. „Ich kenne die nicht. Die gucken mich so komisch an, als ob ich was gemacht hätte, als ob ich an was schuld wäre, als ob ich denen was getan hätte. Ich kenne die nicht. Die waren noch nie hier. Und dann lächeln sie auf einmal so komisch. Ich muss ganz gerade sitzen. Bis die weg sind. Wenn die weg sind, winke ich dem Pfleger zu. Das ist ein ganz Netter. Die Schwestern sind auch gut. Bald gibt es Abendessen, und dann ins Bett. Da freu ich mich schon drauf."

༺༺༺༺༺

Jetzt bin ich achtundachtzig Jahre alt.

Jeden Abend gucke ich Sandmännchen, und dann gehe ich ins Bett.

Tagsüber sitze ich am Fenster und beobachte den Verkehr und die Fußgänger.

Ich bin zufrieden.

༺༺༺༺༺

Nun bin ich derjenige, der auch die Saison des Alters am liebsten lebend überleben möchte.

༺༺༺༺༺

„Willst du gesund werden?"
„Nein, dieses Mal nicht mehr. Ich hab genug gelebt."

❧❧❧❧❧

Ende gut – alle tot.
(Das meinst du doch nicht im Ernst!)

❧❧❧❧❧

„Ohne Schmiergeld bekommst du heute nicht mal ein Grab."
So ein Quatsch!

❧❧❧❧❧

Im Alter bin ich Problemverminderin geworden.

❧❧❧❧❧

Ich bin (wie) die Fadenleitung.
Wenn eine Nähmaschine ordentlich nähen soll, muss der Faden richtig
von der Garnrolle zur Nadel geleitet werden.
Das mache ich.

❧❧❧❧❧

Das Glück steht dir gut, Oma.
Nun noch das blaue Jäckchen dazu.
Perfekt!

❧❧❧❧❧

Lieber Schatz,
ich mach dir Platz.
(Urgroßmutter zur Urenkelin)

❧❧❧❧❧

Das sieht doch gut aus, sagte die Oma, als sie ihre neunundneunzig Resthaare vor dem Spiegel zusammenband.

৵৵৵৵৵

Ich bin die Sterbende.
Ich wache auf und frage: „Wo bin ich?"

৵৵৵৵৵

Eifersüchtig sehe ich der kleinen Oma und dem kleinen Opa nach, die, einander an den Händen haltend, die Treppe zur U-Bahn hinuntergehen.

৵৵৵৵৵

Treffpunkt Hauptbahnhof, gelber Postkasten (die sind doch alle gelb!) in der Halle. 14 Uhr.
Nun ist es 14:02. Ich werde ungeduldig.
Unpünktlichkeit kann ich nicht leiden (bei anderen).

Um 14:05 kommt ein Kehrmann. Im Gewusel der vielen Reisenden kehrt er den Hbf. Das ist sein Job. Höflich frage ich ihn: „Haben Sie Ulf nicht gesehen?" Er guckt verblüfft, dann lacht er und sagt: „ Näähh!" Dafür, ich meine für seinen sichtbar ethnischen – oder muss es heißen „Migrations-hintergrund" – hört sich sein Näähh sehr Deutsch an. Offenbar hat er sich gut integriert. Da wird sich die Kanzlerin aber freuen. Sie hat ja sonst nicht viel zu lachen. Am Gesicht des Mannes kann ich ablesen, dass er mir wohlgesonnen ist und nun auch hofft, dass Ulf bald kommt. Er wünscht mir das von ganzem Herzen. Das tut mir gut, dafür bin ich dankbar.

Nun ist es 14:11. Ich warte noch bis 14:15. Wenn Ulf bis dahin nicht da ist, nehme ich einfach irgendeinen anderen. Auch wenn mein Herz dabei bricht. Klirr!

Nun ist es 14:14.

Um 15:15 nehme ich keinen anderen; so weit will ich denn doch nicht gehen. Es macht nicht Klirr. Ich lasse mir nichts anmerken und fahre ganz normal nach Hause. Ich tu so, als ob nix ist.

Schnell den Fernseher an. Ich erwische den falschen Kanal – oder ist es der richtige? Es soll ja keine Zufälle geben, sagen einige Leute. Bei denen gibt es kein Falsch. Also, ich sehe, was ich noch nie, nie gesehen habe, nicht live und nicht im Fernsehen und nicht als Foto. Ich sehe (m)einen ersten Enthaupteten. „Nun geht das los, das ist bestimmt politisch moti-viert", denke ich, und dann denke ich gar nichts mehr. Der Enthauptete hat, wie das Wort schon sagt, keinen Kopf mehr (an). Der Hals ist ein blutiges Loch, wie ein Krater. Sonst ist alles da, der Mann hat ein Hemd, eine Jacke, Hose und Schuhe an. Seine Schuhe sind ordentlich gebunden, mit Schleife. Die Schleife ist unversehrt, sie ist intakt. Der Mann bewegt sich nicht.

War er ein Gottloser und musste deshalb sterben, oder war er ein Gott-
gläubiger und musste deshalb sterben? Sterben ist Sterben.

Die Halswunde ist nicht unkenntlich gemacht, nicht mit einem Schleier,
nicht mit einem Balken und nicht verpixelt. Dabei ist es erst Nachmittag
und da schauen doch auch Kinder …

Wo der Kopf abgeblieben ist, wird nicht gesagt und auch nicht, wer ihn
abgeschlagen hat. Bei solchen Ereignissen gibt es immer Verdächtigte
bzw. Verdächtige, bis ein Bekennerbekenntnis vorliegt. Aber auch darauf
kann man sich nicht verlassen. Den Kommentar zu dieser Sequenz höre
ich nicht, weil gerade mein Gehörsinn ausgesetzt hat, weil mein Gesichts-
sinn total beansprucht ist.

Ich schaue genau hin, denn das Hin- und nicht Wegschauen gehört zur-
zeit zu meinem Desensibilisierungsprogramm. Wer weiß, was da noch
alles auf uns zukommt, zuschauermäßig. Da kann ein wenig Abhärtung
nicht schaden. Wo kommen wir denn da hin, wenn wir alle so empfind-
lich und sensibel sind. Das hält doch keiner aus, als Zuschauer nicht und
schon gar nicht als Akteur.
Zusätzlich zu meinem Desensibilisierungsprogramm schalte ich das
„Keineschuldzuweisungsprogramm" ein, schließlich gibt es nicht nur die
„Guten" und gegenüber auf der anderen Seite die „Bösen". So einfach ist
das nicht. Wie ich schon sagte: Jeder könnte jeder sein. (Wegen der
Gleichstellung von Mann und Frau füge ich hinzu: Jede könnte jede sein.
Aber auch Jede jeder und umgekehrt.)

Das Keineschuldzuweisungsprogramm behalte ich bei, das Desensibilisierungsprogramm stoppe ich augenblicklich und schalte geschwind um auf
meinen Tierfilmkanal.

๛ ๛ ๛ ๛ ๛

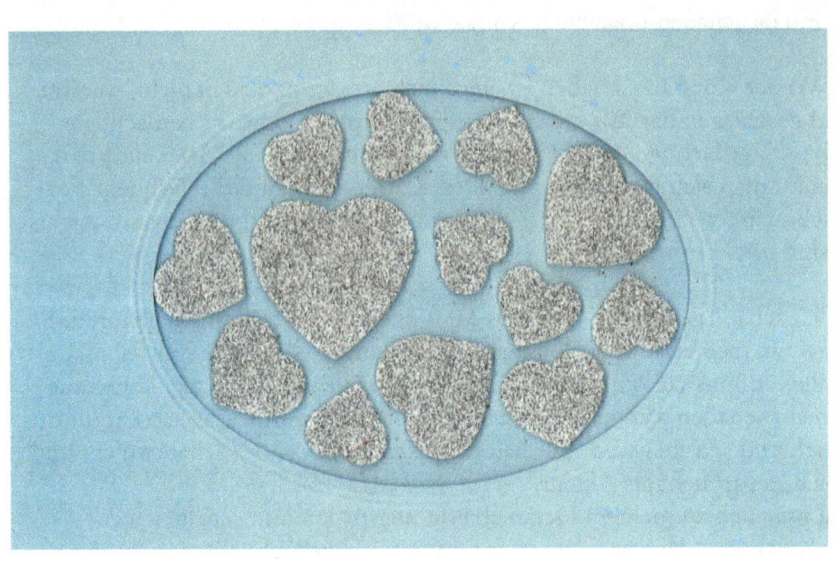

Mal bisschen entspannen, mal bisschen fernsehen.

Was sehe ich? Wasserschweine. Was lerne ich? Wasserschweine sind mit Schweinen nicht verwandt. Sie sind verwandt mit Meerschweinchen, nur etwas größer. Sie paaren sich im Wasser, wenn's gut läuft. Dann haben sie Glück (das ist meine Vorstellung, also subjektiv gedacht). Während ich die Sendung anschaue, sehe ich meinen eigenen Film, und der geht so:

Oko versucht zu decken, aber Oka taucht immer weg. Dabei verstehen sich die beiden gut.

Oko ist völlig verwirrt, zuerst hat er gar keine Frau, dann eine, die immer wegtaucht.

Stay cool, denkt Oko, stay bloß cool! (In Krisen denkt Oko immer in Englisch.) Das ist das Spiel der Verliebtheit, denkt er; das „Komm her" – „Geh weg!". Sie mag das so. Später werde ich es noch einmal versuchen. Oko gibt nicht klein bei. Oko hält aus, Oko hält durch. (Oko ist aber auch eine Schönheit. Letzteres denke ich als ich.)

Es folgt ein Bericht über einen Seebären. Der Bericht ist echt, die Geschichte wahr. Der Beweis sind Aufnahmen von mehreren demolierten Autos. So ein Seebär wiegt schon mal locker vier Tonnen. Einer, so wird berichtet, suchte Liebe am falschen Ort. Dabei demolierte er vier Personenwagen und zwei Kombis. Bei dem Gewaltakt selbst waren keine Kameras dabei, aber nun werden Fotos von den ramponierten Autos eingeblendet. Beim Seebär lässt sich häufig ein auffälliger Sexualdimorphismus feststellen. Ich glaube, dem Seebär ist es egal, wie die Menschen darüber reden.

Werbung.

Werbung zu Ende. Nun zu den Schafen. Vor Jahrzehnten habe ich anlässlich eines Besuches auf einem Bauernhof Schafe gesehen, die hatten rechteckige Pupillen. Das hat mich damals sehr berührt. Diesen Ausdruck hört man heutzutage häufig, sogar Politiker benutzen ihn.

Wenn so ein Politiker sagt „Ich bin berührt", so ist man als Volk automatisch auch ergriffen. Dann geht es nämlich um Gefühle. Um tiefe Gefühle.

Damals, also vor Jahrzehnten, konnte ich dem Phänomen rechteckige Pupillen bei Schafen nicht weiter auf den Grund gehen, zu viele andere ebenso lebenswichtige Fragen drängten sich in den Vordergrund. Und nun, heute, an diesem wundervollen Mittwoch, sehe ich in Großaufnahme und in Farbe im deutschen Fernsehen in Nahaufnahme Schafsköpfe und … was glauben Sie? Sie alle haben rechteckige Pupillen! Das macht mich glücklich. Zum einen die Tatsache als solche, zum anderen, dass man nach 40 – in Worten: vierzig – Jahren noch Antwort auf eine Frage erhalten kann.

Nun gehe ich davon aus, dass alle Schafe rechteckige Pupillen haben. Ich wundere mich, dass es darüber keine Gedichte, Lieder und keine wissenschaftlichen Arbeiten gibt.

Während der Bericht über Schafe weiterläuft, sinne ich über das Thema Pupillen nach. Wie berechnet man den Flächeninhalt einer Pupille? Weiß auch nicht jeder, ich jedenfalls nicht. Da war doch mal was mit 2a plus 2b – oder war das der Umfang des Rechtecks? Wo ist denn mein altes Mathebuch von 1956?

Und wie berechnet man den Flächeninhalt eines Kreises, also einer runden Pupille?
Weißichnichthabenwirnichtgehabthabichgefehltwarumwillstdudasdennwissendasbringdichdochauchnichtweiterdasüberlassmaldenmathematikern.

Rechteckige sowie runde Pupillen benötigen keine Berechnung. Sie sind einfach nur schön.

Manchmal, wenn wir Glück haben, passiert Folgendes:

Pupille begegnet Pupille. Yippie!

๛ ๛ ๛ ๛ ๛

Ich jammerte, weil ich keine Handschuhe hatte, da traf ich einen, der hatte keine Hände.
Ich beschwerte mich, weil ich keine Mütze hatte, da traf ich jemanden, der hatte keinen Kopf.

෪෪෪෪෪

Achtung, liebe Leserinnen und Leser, ich warne Sie vor, gleich kommt nämlich (wieder mal) eine schreckliche, aber wahre Geschichte.

Der Herr vom Reisebüro macht Werbung für eine Reise. Er versichert der Zuhörerschaft: „Dort wird Ihnen garantiert nichts geklaut, den Dieben werden dort nämlich sofort an Ort und Stelle die Hände abgehackt.“

෪෪෪෪෪

„Schlechtes Wetter heute.“
„Sei froh, dass es überhaupt noch Wetter gibt!“
Ich bin Wetter.
Ich gehe vorbei.

෪෪෪෪෪

Nun bin ich ein Mann.

Die Leute sagen, ich wäre ein alter Mann. Das kann ich nicht beurteilen. Ich weiß nur, dass ich Dortmunder bin. In Dortmund habe ich gewohnt, bis Männer in weißen Kitteln in meine Wohnung einbrachen, mich dort wegzerrten und woandershin brachten. Nach hier.

Hier, das sind vier Häuser, in denen Menschen aufbewahrt werden. Man ist nicht schlecht zu uns, aber ich will wieder nach Dortmund. Ich will nach Hause.

Und so laufe ich heute Morgen in meinem Morgenmantel und meinen Hausschlappen draußen herum und suche die Haltestelle für den Bus nach Dortmund.

Jetzt bin ich in einem parkartigen Gelände. Ich sehe eine junge Frau und frage sie: „Wo geht's nach Dortmund?"

Sie antwortet: „Ich bin selber fremd hier, aber wir können mal gucken, wo die Busse abfahren."

Sie fragt mich, ob ich denn Geld dabei habe, und ich antworte: „Nein."

„Haben Sie denn zu Hause noch Geld?"

„Ja, ja, da habe ich alles, was ich brauche."

Da gibt sie mir acht Mark Fahrgeld.

Am nächsten Morgen laufe ich wieder herum. Ich suche noch immer Dortmund. Wieder treffe ich die junge Frau. Sie erkennt mich und fragt: „Waren Sie denn schon in Dortmund?"

Ich antworte: „Ich war ewig nicht dort. Ich möchte nach Dortmund."

Sie sagt: „Ich habe hier ein Schild gelesen, darauf stand: Seniorenheim."

Ich frage: „Wohnen Sie dort?"

„Ich nicht, aber vielleicht Sie?"

„Nein, ich wohne in Dortmund. Direkt in Dortmund."

Die junge Frau sagt: „Wir können ja ein bisschen spazieren gehen, und dann bringe ich Sie wieder zum Heim."

Ich antworte: „Da wohnen Sie ja, aber ich wohne in Dortmund, sehen Sie, so viele Autos auf der Straße, die haben alle ein DO, das ist ein gutes Zeichen."

Die Frau drückt den Knopf der Fußgängerampel. Ich sehe gar nicht hin und laufe so auf die andere Seite. Meine Beine machen nicht mehr richtig mit.

„Das war ein schöner Übergang", sage ich, „und hier ist ein Wartehäuschen."

Ich verbeuge mich vor der Frau und sage: „Darf ich neben Ihnen Platz nehmen, gnädige Frau?"

Sie lacht und erlaubt es. Es regnet etwas. Auf der anderen Straßenseite kommt ein junger Mann mit Regenschirm daher.

Ich sage: „Der hat einen Regenschirm, der würde Sie sicher mitnehmen."

Meine Begleiterin sagt: „Mit dem würde ich nicht gehen wollen."

Ich sage: „Nee, der ist zu alt."

Wir lachen.

Sie sagt: „Ich habe gesehen, woher Sie gekommen sind, soll ich Sie dorthin zurückbringen?"

Ich antworte: „Nein, ich finde das schon. Aber gehen Sie jetzt besser nach Hause. Man weiß ja nicht, was sonst noch …" Besorgt schaue ich zum Himmel. Ich strecke ihr meine Hände zum Abschied hin, sie ergreift sie und sagt: „Ich hoffe, dass Sie Ihre Heimat bald finden."

Hocherfreut antworte ich: „Ja, das hoffe ich auch für Sie, dann sehen wir uns ja bald wieder."

Wir lösen die Hände voneinander. Wir sind fröhlich.

Sie geht. Eine andere Frau kommt vorbei. Ich frage sie: „Entschuldigung, wo geht's denn hier nach Dortmund?"

Sie lacht und sagt: „Was glauben Sie denn, wo wir hier sind, wir sind doch in Dortmund."

Hallo, liebe Haare,

bitte, bleibt bei mir – noch zehn oder zwanzig Jahre lang.

Immer schon wart ihr so wenige auf meinem Kopf. Als Kind hat man mir gedroht, euch abzuschneiden, damit ihr mehr und dicker werdet. Ich glaube, es hätte nicht geholfen.

Warum fallt ihr nur aus? Ist es das Amalgam, das Quecksilber in meinen Zähnen? Oder sind es die Lösungsmittel im Holz meiner Wohnung? Sind es die Hormone, die Stoffwechselstörung, die Vererbung, das Herz, die Leber, der Stress, die Umweltvergiftung?

Ach, liebe Haare, warum wollt ihr nicht bleiben, was wollt ihr mir sagen?

Soll ich lernen, auch euch noch loszulassen? Ich habe schon so viel losgelassen in meinem Leben: Eltern, Geschwister, Ehemann, Freunde und Kinder, Gedanken, Vorstellungen und Wünsche, Jugend, Reichtum, Karriere.

Liebe Haare, was wollt ihr mir sagen – halte ich euch nicht genug fest? Oder soll ich euch auch noch loslassen … Damit ich ohne den letzten Schmuck meines Körpers der Wahrheit ganz nahe bin?

෨ ෨ ෨ ෨ ෨

Ich sage zu der im Lungenkrebsendstadium Erkrankten:
„Am Montag komme ich wieder, soll ich Ihnen dann etwas mitbringen?"
„Mir?"
„Ja, etwas, das Sie brauchen."
„Etwas zum Rauchen?" So hat sie verstanden.
Das hatte ich nicht gedacht, frage: „Vielleicht etwas Süßes?"
Sie schüttelt sich vor Ekel. Mit ‚etwas Süßes' liege ich voll daneben.
„Oder ein Kerzchen?" Keine Begeisterung auf ihrem Gesicht. Auf ihrem
Nachttisch sehe ich die beiden angebrochenen Zigarettenschachteln lie-
gen, oder sind die schon leer?

Da liegen die so harmlos; harmlos bedeutet ohne Harm, also ohne Kum-
mer. Doris hat mit sechsundsechzig Jahren Lungenkrebs im Endstadium.
Mit fünfzehn hat sie angefangen zu rauchen; damals galt das als schick.
Ich mache einen neuen Anlauf, indem ich sage: „Montag komme ich wie-
der, bis dahin überlegen Sie noch mal, was Sie möchten."
Doris lächelt. Ich auch.
In der Nische neben ihrem Pflegebett hat sie Fotos aufgehängt. Düstere
Bilder, Gesichter voller Fleiß, Kummer, Bescheidenheit und Rückzug.
Doris ist stolz auf ihre Fotos, sie erklärt mir, wer wer ist. Mutter, Vater,
Opa, Geschwister und sie selber, sie, ein ernstes Kind. Und nun sitzt sie
hier auf ihrem (nicht ihrem) Pflegestufe-2-Bett, die Zigarettenschachteln
auf dem Nachttisch. Sie benötigt keine Süßigkeiten, keine Kerzen oder
Blumen.
Sie trägt ihren Sommersonnenstrohhut auf dem Kopf, von früh bis spät,
das ganze Jahr hindurch, auch an Weihnachten und Neujahr.

Doris braucht nur ein freundliches Wort, ihren Sommersonnenstrohhut
und ... Zigaretten.

Ihr Name ist Doris.
Doris ist eine Kurzform von Dorothea und bedeutet Gottesgeschenk.

 codedcodedcodedcodedcoded

Durch die Ereignisse bin ich kein anderer Mensch geworden, wohl bin ich ein erweiterter Mensch geworden.

☙☙☙☙☙

Die Wunden der Wunderkinder sind nicht geheilt. Bedenkt das wohl.

☙☙☙☙☙

Man trauert aus Liebe – oder aus Selbstmitleid. Oder gar nicht.

☙☙☙☙☙

„Treiben Sie Sport?"
„Ja, ich gucke regelmäßig Gym."

☙☙☙☙☙

„Keine Pläne, keine Augen, kein Geld", sagte der Blinde, „ich falte hier jeden Tag sieben Stunden lang Kartons zusammen. Ich bin glücklich."

☙☙☙☙☙

„Ich und du, Müllers Kuh, Müllers Esel, das bist du!"
(Spruch, den wir als Kinder gesagt haben, aber nicht sagen durften.)

☙☙☙☙☙

Zeitungsmeldung am 2.1.2015:
„Düsseldorfer sprengt sich den Kopf weg. Tot."
Dabei hatten wir nur Silvester und nicht einmal Krieg.

☙☙☙☙☙

Respekt, Respekt in allen Lebenslagen, denn:
Wer den Henker nicht ehrt, ist die Hinrichtung nicht wert.

☙☙☙☙☙

Manchmal, wenn ich mich schlafen lege, fühle ich meinen unsichtbaren Körper austreten aus dem Sichtbaren und in rasender Geschwindigkeit ins Weltall sich bewegen.

In Panik rufe ich ihn, rufe ich mich zurück, bis ich erkenne, die Angst ist umsonst. Ich kann meinen unsichtbaren Körper vertrauensvoll aufsteigen lassen, durch die blauschwarze Nacht des Weltalls sich bewegen und nach angekommener Reise auf eine lichtgrüne Wiese legen lassen, um dort auszuruhen vom Tag auf der Erde.

૭ઠ ૭ઠ ૭ઠ ૭ઠ ૭ઠ

Vater unser
– wieso Vater?
der du bist im Himmel
– weit genug weg
Geheiligt werde dein Name
– jetzt darf ich nicht mal mehr fluchen
Dein Reich komme
– nix von gemerkt
Dein Wille geschehe
– wo kämen wir da hin?
Wie im Himmel
– falls es den überhaupt gibt
also auch auf Erden
– dann hau doch mal rein
Unser tägliches Brot gib uns heute
– und vor allem was drauf
und vergib uns unsere Schuld
– welche Schuld?
wie auch wir vergeben unseren Schuldigern
– denen schon gar nicht
und führe uns nicht in Versuchung
– doch, doch, bitte, mach das!
sondern erlöse uns von dem Bösen
– besser sagst du: erlöse uns von *den* Bösen; da bin ich dabei, vernichte sie, vertilge sie! Halleluja!
Vater unser! Ent-schuldige bitte! B.

Wie heißt es im katholischen Glaubensbekenntnis: „Abgestiegen zu der Hölle ...! Aber was hat er da gemacht, dieser Jesus?"
Davon redet keiner. Sie predigen über alles Mögliche, darüber nicht.
„... Am dritten Tage wieder auferstanden von den Toten..." Das kennen wir.
Aber noch mal: Was hat er die drei Tage in der Hölle gemacht? Hat er dort seine eigenen Anteile an der Hölle konfrontiert? Oder/und hast du den Seelen dort in der Hölle das Evangelium verkündet im Sinne von: Es gibt Gnade, Vergebung, Erlösung.
Ihr könnt diesen Ort verlassen.
Hölle ist nicht ewig.
Hölle ist nicht unumkehrbar.
Ihr könnt hier raus.
Ihr könnt, wenn Ihr wollt, mit mir auferstehen.

࿔࿔࿔࿔࿔

Hallo, Gott!
Da steht in der Schrift: Abgestiegen zu der Hölle ...
Meinst du, ich dürfte mit? Ich frag deinen Sohn einfach mal. Ich darf.
Weil ich ihn gefragt habe.
Schon stehen wir vor ...
Unterirdisch geht es weiter. Dein Sohn steht vor, hinter und rechts und links von mir.
Da sind wir angekommen. Für mich ist es wie eine Ausstellung mit verschiedenen Szenenbildern. Einzelpersonen, Paare, Gruppen.
Sie haben Krieg, sie machen Krieg, sie sind im Krieg.
Sie machen Hölle, sie haben Hölle, sie sind Hölle.
Sie sind „Stehbilder". Die Personen sind in einen Augenblick gebannt. Sie sind im Augenblick gebannt.
Vor jedem Bild verweilen wir, dein Sohn und ich. Ich verharre jeweils so lange, bis ich meinen eigenen Anteil, meine eigene Beteiligung erkannt, verstanden, erinnert habe. Dann gehen wir zur nächsten Szene.
So (ver)bleiben wir drei Tage und drei Nächte.
Himmel und Hölle haben sich und einander angenommen.

࿔࿔࿔࿔࿔

Hallo Gott,
das Leiden ist vorbei.
Karfreitag, Karsamstag überstanden.
Jetzt ist Ostermorgen, Auferstehung.
Ein neues Zeitalter …
Jetzt mach ich mir erst mal fünfzehn gute Jahre.
Melde mich 2030 zurück.
Wenn mir die Zeit bis dahin zu lang wird, melde ich mich schon früher.
Wahrscheinlich schon morgen.

තතතතතත

„Liebe Engel,
wenn man den Künstlern glauben darf, gibt es euch in allen Formen und
Farben. Da sind die Putten, das sind die kleinsten und jüngsten. Die werden auch schon mal nackt dargestellt, aber meistens haben sie ein Wölk-
chen oder einen bauschigen Schleier über dem Organ. Oder sie fliegen
gerade so, dass man nichts davon sehen kann.
Jeder soll ja einen Engel haben. Oder mehrere?
Manchmal stelle ich mir vor, ich hätte drei. Einen rechts, einen links von
mir und einen hinter mir. Vor mir möchte ich keinen laufen haben, der
würde mir die Sicht versperren, und ich möchte doch meinem Feind ins
Auge sehen, wenn der mir entgegenkommt.
Drei Securities sind mir genug.
Die nächste Kategorie sind die Spezialfallengel, die sollen zuständig sein
für besondere Gelegenheiten. Für Events, Krisen aller Art, Ehescheidun-
gen, Banküberfälle, Insolvenzen, Havarien etc.

Die Seraphim und Cherubim loben und singen die ganze Zeit. Hat man
mir erzählt. Persönlich kenne ich keine.
Meine Frage an die Engel: „Was haltet ihr selber von dieser Einteilung?"
Sie antworten: „Hierarchien und Kategorien sind menschliche Erfindun-
gen. Wir haben keine Ein-Teilungen. Teilen nicht das Ein.
Wir sind im Ich und zugleich im Wir. Wir sind im Ein.

Rufst du mich an, so bin ich da. Ich bin dein Engel – du bist mein Engel."

තතතතතත

Ich bin die, welche versucht, ein Engel auf Erden zu sein.
Das macht Spaß, solange die Leute dankbar sind und sich freuen.
Es macht keinen Spaß, wenn sie sich nicht freuen und nicht dankbar sind.
Dann hat man keine Lust mehr, ein Engel auf Erden zu sein.

≈≈≈≈≈

Dann bin ich der Beter.
Ich sage: Lieber Gott, du weißt, dass ich mich nur in begründeten Ausnahmefällen an dich wende. Dieses Mal ist das der Fall. Könntest du bewirken, dass dieser beknackte Tag heute doch noch eine Wendung zum Positiven bekommt?
Mit den besten Wünschen
dein ergebener Beter

≈≈≈≈≈

Leben, Sterben und was dann?
Nun sei doch mal ganz locker!

≈≈≈≈≈

Entweder wir ziehen in den Krieg
oder
wir ziehen in den Frieden.

≈≈≈≈≈

Die Ewigkeit in den Augenblick holen,
den Augenblick in die Ewigkeit holen.

≈≈≈≈≈

Viele leben im Gestern, andere im Morgen, einige im Jetzt.
Machen wir mal 'ne Kombi …

≈≈≈≈≈

Dieses Leben ist deine persönliche Bestleistung.
Jedes Leben ist eine persönliche Bestleistung.
Und übrigens: Der Pokal ist in dir.

෨෨෨෨෨

Wir sind Mieter der Erde.
Wir haben die Erde gemietet.
Die Würde des Meeres ist unantastbar.
Die Würde der Luft ist unantastbar.
Die Würde des Landes, der Gebirge, der Steppe,
der Wüste, des Mondes, der Sterne ist unantastbar.

෨෨෨෨෨

Kann Mutter nicht sterben,
weil sie neunzig Jahre lang fast alles alleine gemacht hat, acht Kinder
großgezogen, zwei Weltkriege erlebt und wenig Vertrauen zu Menschen
gefunden hat,
weil sie gewohnt war, fast alles alleine zu regeln, sodass sie nun am liebsten auch noch ihren eigenen Nachlass verwalten möchte?

Warum kann Mutter nicht sterben?

Kann Mutter nicht sterben,
weil sie neunzig Jahre lang viel auf sich hielt, gerade die Wirbelsäule, die
Haare immer ordentlich frisiert, in Gedanken immer am Sorgen, am Pla-
nen und Kontrollieren, und wenig Vertrauen zu sich gefunden hat, sodass
sie nun fürchtet, unfrisiert und ohne Haare, mit gekrümmter Wirbelsäule
und ohne Haltung zu sterben?

Warum kann Mutter nicht sterben?

Kann Mutter nicht sterben,
weil sie fast neunzig Jahre lang in die Kirche ging und wenig Vertrauen zu
Gott fand und nun viel Angst hat vor dem allmächtigen Richter und da-
vor, dass sie sich die Wirbelsäule brechen könnte. Wenn sie sich wirklich
fallen ließe in Gottes Hände?

Kann Mutter nun leichter sterben,
da sie noch einmal über ihr Leben reden konnte – und als das Beste an
ihrer eigenen Mutter fand, dass diese nett, fleißig und vornehm gewesen
war, und als das Beste an ihrem Vater fand, dass er so fleißig gewesen war
und Wohlstand erarbeitet hatte, wobei alle tüchtig hatten mithelfen müssen auf dem Bauernhof, und als Bestes an ihrem Mann fand, dass er so
ganz katholisch gewesen war, und nicht gut an ihm fand, dass der Krieg
sein Wesen verändert hatte und dass er, als er schon pensioniert war, oft
morgens die Schultasche packte und zur Schule wollte und dass er achtzehn Jahre lang krank war und oft stundenlang nicht mit ihr gesprochen
hatte (wegen der Krankheit) und dass sie ganz alleine dastand mit dem
Hausbau?

Kann Mutter nun leichter sterben,
da sie weinen konnte
darüber, dass ihr Mann am ersten Kriegstag an die Front eingezogen wurde, als Strafe dafür, dass er politisch nicht linientreu war und sie alleine dastand mit sieben Kindern,
darüber, dass sie oftmals nicht wusste, wie sie die Kinder satt bekommen sollte, und einmal bei der Nachbarin betteln musste, darüber, dass ihr fünfzehnjähriger Sohn auf eine Mine trat und ein Bein verlor,
darüber, dass ein Enkel von ihr, der ein so fröhliches Kind gewesen war, sich das Leben nahm?

Kann Mutter nun leichter sterben,
da sie die Namen der acht Kinder aussprach und bei jedem Namen herausfand, dass sie nur GUTES fühlte,
da sie verstand, dass nicht jedes ihrer acht Kinder ihr nahe sein konnte, so wie SIE es verstand,
da sie nun endlich zu glauben begann, dass ihre acht Kinder sich NICHT ums Erbe streiten würden,
da es ihr gelang, ihrer ältesten Tochter in Spanien und ihrem ältesten Sohn in Südafrika fehlerfrei auf eine Karte zu schreiben, „Viele Grüße und alles Gute für die Zukunft!",
da sie nachgedacht und herausgefunden hat, dass es überhaupt keinen Menschen gibt, dem sie böse ist – oder Böses will –, weshalb sie denn auch wohl gut sein muss,
da sie erinnert wurde an ihre guten Taten, Worte und Werke und dass sie jedem gegeben, auch wenn sie selber nichts hatte, und dass sie im Krieg gekochte Kartoffeln hinters Haus gestellt hatte für die russischen Kriegsgefangenen und dass sie nun eigentlich genug Gutes getan, gesorgt, Haltung bewahrt und sich und alles kontrolliert hat?

Kann Mutter nun leichter sterben,
da sie ihre letzten Dinge geregelt hat?
Da eine Fotomontage von ihr und ihrem Mann angefertigt wurde, welche sie GEMEINSAM zeigt, da es aus den gemeinsamen fünfundfünfzig Ehejahren kein einziges Foto von ihr und ihrem Mann gibt, welches sie gemeinsam zeigt (und welches sie mag),
da sie die Zusicherung erhielt, dass sie eine Perücke bekäme, falls ihr Kopf kahl würde, was sie befürchtet,

da sie noch ein Sterbekreuz aus Bronze kaufen konnte, welches sie nun oft putzt, weil sie meint, es sei staubig,

da sie noch eine Heilige Messe für ihren verstorbenen Mann lesen ließ, wofür sie zehn Mark geben wollte, ihre Tochter noch zehn Mark dazulegte, worauf sie meinte, dass der Pfarrer dafür auch zwei lesen könnte,

da sie, für einen Augenblick verzückt, Weihnachtslieder aus dem Walkman hörte, verwundert wie ein Kind, wie viele Lieder aus dem kleinen Apparat kämen,

da sie eine neue Kette für den Abflussstöpsel in der Küche bekam, sodass sie die Küche nun ordentlich übergeben könne, falls, wie sie sagte, mal plötzlich etwas passieren würde,

da sie die Zusicherung bekam, dass, wenn das Letzte, das Unaussprechliche, geschehen sollte, sie sehr würde- und liebevoll eingesargt, verabschiedet, überführt und neben ihrem Mann begraben würde,

da sie nun endlich aussprechen konnte, dass sie dann ihr bestes Kleid, das blaue mit dem weißen Kragen, tragen möchte,

kann Mutter nun leichter sterben?

ຄຄຄຄຄ

Neulich hörte ich eine Stimme, die sagte: „Du sollst ein Stern sein."
(Bitte nicht einem Psychiater o.Ä. weitersagen.)
„Na schön", antwortete ich, „dann hänge ich eben da oben rum und blinkere auf die Erde. Auch gut."
Erst am nächsten Morgen fällt mir ein: Wenn das Licht eines Sternes die Erde erreicht, existiert der Stern schon lange nicht mehr. Er ist dann erloschen oder etwas anderes oder in etwas anderem aufgegangen. Auch gut.

ຄຄຄຄຄ

Rita ist 61 und im Vorruhestand. Rita muss Abschied nehmen
von ihrer Kindheit und Jugend, von dem Schmerz,
dass ihr Vater aus Freude über die Geburt ihres älteren Bruders die
Trompete spielte, und dass anlässlich ihrer Geburt kein Instrument ge-
spielt wurde,
dass ihre ältere Schwester schöner war als sie,
dass ihr jüngerer Bruder kränker war als sie,
dass die Mädchen arbeiten mussten, während die Brüder nur helfen mussten,
dass sie nicht das Abitur, sondern die Mittlere Reife machte,
dass sie ihre Kindheit und Jugend im Krieg verlor (39–46),
dass sie sich mit einem Mann verlobte, der nicht wusste, ob er sie wollte,
dass sie als Verlobte neun Jahre lang auf die Hochzeit wartete,
dass sie für die gelöste Verlobung beziehungsweise für die geplatzte
Hochzeit 3.000 DM Entschädigung von ihrem Verlobten bekam.

Rita muss Abschied nehmen
von dem, was sie nicht bekam …
von Brautschleier, Kranz und … so nimm denn meine Hände,
von Flitterwochen, Vereinigung, Schwangerschaft,
von Geburt und Kinderstillen,
von Kinderlachen und Kinderweinen,
von Ehealltag, Krächen und Sorgen,
von einem eigenen Haus,
vom Auszug ihrer erwachsenen Kinder,
von ihren Anrufen und Besuchen,
von Omaglück,
von dem Mann an ihrer Seite, bis dass der Tod sie scheidet,
und von dem Platz neben ihm in der Familiengrabstätte.

Rita muss Abschied nehmen
von dem, was sie bekam.
Von dem Schock über die gelöste Verlobung beziehungsweise die geplatzte Hochzeit,
von ihrem Misstrauen jedem Mann gegenüber,
von der Mühe, mit 34 Jahren noch umschulen zu müssen (man hatte ihr
gesagt, sie solle lieber Geld verdienen für die Aussteuer),

von der Verbitterung, von Kollegen und Kolleginnen missverstanden und
angefeindet zu werden,
von der Illusion, dass all ihre Anpassung, ihr Liebsein, ihre Aufopferung
ihr Dank und Lohn gebracht hätten,
von ihren Schuldgefühlen, sie hätte alles nicht gut, nicht richtig gemacht.

Rita muss Abschied nehmen
von Vorstellungen, dass eine alleinstehende Frau keine Frau sei,
dass Verheiratete, Geschiedene, ja, sogar Verwitwete glücklicher wären,
dass ihre Mutter an allem schuld sei,
dass ihr Vater, den sie liebte und dem sie in seiner letzten Stunde half, ihre
Vergangenheit wiedergutmachen könnte,
dass ihr Rheuma sich grundlegend bessern und sie wieder leicht Treppen
und Berge steigen könnte,
dass jemand auf der Welt sie ganz und gar verstehen würde,

Rita muss Abschied nehmen
von ihrer schönen Stimme, mit der sie an Weihnachten in der Kirche das
Ave Maria sang,
sie muss Abschied nehmen
von gelebtem und ungelebtem Leben,
von Angst, Trauer und Wut.

Rita soll nicht Abschied nehmen
von ihren Tränen und dem Lachen, das darauf folgt,
von ihrem Schleifchen im Haar und von der Neugier,
in ihren runden braunen Kinderaugen.

ॡॡॡॡॡ

Frau Meer

„Im Krankenhaus hat man zu meinem Mann und zu meiner Tochter gesagt, sie könnten nichts mehr für mich tun. Daraufhin haben die beiden mich einfach hierher ins Hospiz bringen lassen. Ich habe mich überrumpelt gefühlt. Als ob ich abgeschoben wäre.

Jetzt bin ich aber froh, dass ich hier bin. Ich weiß, dass ich sterben muss. Bloß wann, das weiß ich nicht. Vielleicht bin ich am Morgen schon weg. Jetzt bin ich einverstanden. Ich weiß, wenn es soweit ist, dann rollen sie mein Bett ins Sterbezimmer. Das hab ich rausgefunden. Obwohl, auf das Zimmer kommt es nicht an. Worauf es ankommt?

Dass man einverstanden ist. Darauf kommt es an."

৵৵৵৵৵৵

Herr Braig

„Ich gehe bald zu Satan."

„Glauben Sie das wirklich?"

„Nö. Ich glaub an gar nix."

„Haben Sie eine Seele?"

„Ja sicher."

„Kann die sich unabhängig vom Körper bewegen?"

„Na klar."

„Dann können Sie doch hingehen, wo es schön ist für Sie."

৵৵৵৵৵৵

Frau Bode

„Meine Tochter hat gestern meine Wohnung aufgelöst. Ich hatte noch ein ganz neues Krankenbett und einen Flachbild-Fernseher. Ich weiß gar nicht, wo meine Sachen geblieben sind. Meine Tochter und mein Schwiegersohn reden ja nicht viel, sie sagen, einen Teil hätten sie genommen, das andere wäre auf den Sperrmüll gekommen. Sie hätten es nach draußen gestellt. Ich hatte noch ein paar Sachen, die mir wichtig sind – eine Puppe und einen Elefanten aus Pappmaschee, den hat mein Enkel gemacht. Ich hoffe, dass das noch da ist. Ich hoffe, dass meine Tochter das in einen Karton getan und bei sich untergestellt hat, sie hat ja viel Platz.

Ich weiß auch gar nicht, was nun mit mir passieren soll. Ich warte jeden Tag auf Post von der Versicherung oder vom Versorgungsamt oder der Krankenkasse. Irgendeiner muss jetzt entscheiden, über mich. Ich bin ja schon so lange hier, und der Träger übernimmt irgendwann die Kosten nicht mehr, und dann muss ich hier weg. Der Pfleger sagt immer, ich hätte alle Rekorde im Überleben gebrochen. Ich bekomme jetzt so heiße dicke Backen – ob das der Anfang vom Ende ist? Der Arzt weiß ja auch nichts. Am liebsten möchte ich hierbleiben. Hier kenne ich alle mit Vornamen und alle sind so nett.

Für sie habe ich eine Karte, da sind rote Herzchen drauf, da steht: Glück, Erfolg, Mut, Liebe, Gesundheit, Zuversicht.

Die Karte ist für sie. Ich kann nicht mehr unterschreiben, weil meine Gelenke so dick geworden sind. Dann müssen Sie das mal selber machen."

Wir lächeln miteinander.

Die Tür von Zimmer 12 steht offen. Das Bett ist frisch bezogen. Es befinden sich keine persönlichen Gegenstände im Zimmer. Letzten Mittwoch hat Herr Flick mir in die Augen geschaut und meine Hand geküsst. Heute ist sein Bett leer.

ର୍ଚ୍ଚର୍ଚ୍ଚର୍ଚ୍ଚ

Herr Wanders von Zimmer 8 ist Musiker. Er ist 42 Jahre alt. Er hat Schmerzen und stöhnt leise. Gleich wird der Arzt kommen.

ର୍ଚ୍ଚର୍ଚ୍ଚର୍ଚ୍ଚ

Frau Wolf hat Besuch von ihren beiden Töchtern. Das Zimmer ist voller Blumen und voller Liebe.

ର୍ଚ୍ଚର୍ଚ୍ଚର୍ଚ୍ଚ

Herr Gras schläft – leise die Tür zum Flur schließen.

ର୍ଚ୍ଚର୍ଚ୍ଚର୍ଚ୍ଚ

Frau Busch ist heiter. Sie sagt, dass sie wieder auf die Beine kommen will.

৵৵৵৵৵৵

Herr Fabian ruft sechs Mal den Pfleger. Er möchte telefonieren, aber am anderen Ende der Leitung nimmt niemand ab. Er sagt: „Meine Zeit läuft ab und meine Freundin nimmt nicht ab."
Ich frage ihn, ob ich eine Weile bleiben soll, er sagt: „Ja, ja, dort ist der Stuhl, setzen Sie sich doch!"
Das mache ich.

৵৵৵৵৵৵

Frau Wienand strahlt wie ein Kind. Sie wäre so glücklich, denn sie hätte 60 kg abgenommen.
Früher hätte sie Größe 66 gehabt. Da hätte sie zu Gott gesagt: Nimm mir meinen Hunger. Es hätte geklappt.
Nun hätte sie Krebs. Wenn sie ehrlich wäre, wenn sie wählen könnte, hätte sie lieber ihr Fett zurück und keinen Krebs.
Es kommt ein Anruf für sie. Sie bedeutet mir, sitzen zu bleiben, während sie sagt: „Elfriede, wie nett, dass du anrufst. Ja, das ist schön, wenn ihr kommt. An Weihnachten. Aber das sind noch vier Wochen hin, ich weiß nicht, ob ich dann noch lebe, ich weiß nicht, ob der mich vorher ... Ich habe keine Schmerzen. Ich bekomme Morphium. Es geht mir so gut. Alle sind so nett. Eine Dame ist da, ehrenamtlich, da kann man sich mal aussprechen. Sonntag kommt mein Papagei. Er darf mich besuchen, aber er darf nicht bleiben. Ich kenne ihn ja schon 20 Jahre. Er ist wie mein Kind. So was gibt's. Gestern hat meine Gemeinde mich angerufen. Sie haben ins Telefon gesungen. Es war so schön. Jetzt muss ich Schluss machen. Grüße auch deinen Mann. Tschüß."
Zu mir sagt sie: „Mein Rücken tut so weh."
Ich frage: „Soll ich mal drüberstreichen?"
„O ja, o ja, das tut so gut. Danke, danke."

৵৵৵৵৵৵

Herr Wendler
Er erzählt mir, dass er zwei Monate lang im Krankenhaus war. Er hätte einen Betreuer vom Amt. Der hätte seine Wohnung geschlossen, sein Konto gesperrt und er, Herr Wendler, hätte auch keine Schecks mehr. Er sagt, er hätte Leberkrebs und Neurodermitis am ganzen Körper. Er hätte keinen Rasierschaum mehr und möchte gern die Zeitung lesen.

෴෴෴෴෴

Herr Mendes
Vorige Woche hat er den Pfleger angebrüllt, heute kann er kaum noch sprechen. Er freut sich, dass ich komme. Ein Plastikweihnachtsbäumchen hat er neben seinen Fernseher gestellt. Er macht den Fernseher an. Leider kommt gerade kein Fußball. So gucken wir eben was anderes. Auch gut. Herr Mendes hat den Mund voller Schaum. Ich weiß nicht, was das bedeutet.

෴෴෴෴෴

Im Aufzug ist ein Spiegel angebracht.
Monika findet ihre Falten nicht schön.
Ich sage: „Wir streicheln unsere Falten."
Da muss sie lachen. Monika erzählt auf ihre Weise: „Gestern waren viele Leute da, war gut. Ich bin mal gespannt, wie das ist mich erledigen. Ich wollte heute etwas sagen, aber das kommt später schon. Die geht immer durch die Kälte, soll sie doch nicht machen. Hast du meine Schwester gesehen? Ach, die ist ja schon tot. Ich sehe die manchmal, dann ist die hier. Hast du die gesehen? Ich bin ja noch da. Ich wundere mich, dass du immer kommst. Hat immer geholfen. Ich hab jetzt lieb eine, die auch in meine Tempo ist. Und da von da eine die Zähne so und dann sprach se so omnivoll noch mal, nee, wirklich."
Und wir müssen lachen. Sie fährt fort:
„Wenn ich fertig bin, bin ich froh. Geh ich weg. Zu meine Schwester. Ich muss auch so ne letzte Tropfen Wein haben. Ich bin ja auch noch da, deutsche, holländische und französische, das ist die Quelle. Hast du meine Schwester gesehen?"

„Ich bin noch etwas böse, nun bin ich schon achtzig Jahre alt geworden und vor fünf Jahren habe ich meine rechte Brust verloren und nun auch noch die linke. Aber ich bin auch dankbar, andere sterben schon viel jünger. Ich habe meiner Tochter gesagt, sie soll das Wochenende mit ihrem Mann und dem Jungen wegfahren, an die Mosel. Der Junge war hier zu Besuch. Er hatte seinen Aikido-Anzug mit und hat mir Übungen gezeigt. Der Junge ist keiner, der angreift, aber er muss sich doch verteidigen."

≈≈≈≈≈

Herr Breuer ist blind. Gestern hat er sich eine Zeitung geliehen, aber er hat sie sofort wieder zurückgegeben, er hatte wohl vergessen, dass er blind ist.
Seine Augen sind tief und leuchten. Ich sage: „Sie haben schöne Augen". Er schließt sie, fragt, ob ich meine Hand auf seine Stirn legen würde. Na klar, gerne.

≈≈≈≈≈

Herr Jost sagt: „Ich bin keinen Pfifferling wert."
Ich sage: „Für mich sind sie tausend Pfifferlinge wert." Er lacht nicht; das heißt, er hat keinen Nerv mehr für meine Witze. Aber vielleicht hat er doch verstanden, was ich ihm damit sagen wollte.

≈≈≈≈≈

Herr Mayer sitzt im Sessel, in seinem Sessel. Er hätte Nachricht aus seinem Heimatdorf, da wäre schon wieder einer mit achtzig gestorben. Ob ich nun nicht nach Hause müsste, kochen. „Och nöö, eigentlich nicht." Er: „Ja, in der Stadt, da wird nicht mehr viel gekocht. Bei uns in der Eifel, da gibt es um acht Uhr Frühstück, um zwölf Mittagessen und um sieben Abendbrot.
Bei uns in der Eifel, da hat alles seine Ordnung."

≈≈≈≈≈

Herr Wunderlich liegt auf der Seite. Ihm geht's nicht gut. Das sagt er: „Es passt nicht so gut." Ich verstehe. Zum Gruß fasse ich ganz kurz auf seinen Arm. Seine Zehen sind rot-braun.

࿆࿆࿆࿆࿆

Frau Huter sagt:
„Diese verdammte Lungenkrankheit. Mir ist übel. Ich habe einen schönen Blumenstrauß von meinem Enkel bekommen. Ich geb' jetzt eine Runde Kuchen für die Schwestern aus."

࿆࿆࿆࿆࿆

Die Dame von Zimmer 10 sagt: „Dass es solche Menschen wie Sie gibt."
Ich sage: „So bin ich nur mittwochs für dreieinhalb Stunden."
Sie sagt: „Das ist genug."
Ich sage: „Sie wissen nicht, wie ich sonst bin!"
Wir lachen.
Sie strahlt.

࿆࿆࿆࿆࿆

Frau Schulte ist aufgedunsen. Sagt, sie wäre selber schuld.
Ich ersetze das Wort Schuld durch Ursache. Sie nimmt an.
Hätte bei der Geburtsdepression das erste Mal Heroin genommen. Zwanzig Jahre lang wäre sie nicht mehr davon losgekommen. Ihr Kind hätte sie immer geliebt. Sie bedankt sich für meinen Besuch.

࿆࿆࿆࿆࿆

Frau Berndt, Tränen, Tränen, Tränen. Sie bittet mich, wiederzukommen. So schwer hätte sie sich das Abschiednehmen nicht vorgestellt. Ich sage ihr, sie könnte sich vorstellen, dass ich die ganze Zeit an ihrem Bett säße. Da freut sie sich.

࿆࿆࿆࿆࿆

Noch einmal gehe ich ins Hospiz zu dem alten Herrn. Der Pfleger sagt zu mir: „Es kann sein letzter Tag sein. Wir haben seine Tochter und seinen Sohn schon benachrichtigt."

Also ziehe ich meine Jacke aus und setze mich an sein Bett. Er hat die Augen etwas geöffnet und atmet heftig aus weit geöffnetem Mund. Ich lege meine Hand auf die seine. Sie ist warm.

Ich sage: „Ich bin da. Ich bleibe bei dir." An seinem letzten Tag auf der Erde darf ich wohl „du" zu ihm sagen.

Er atmet. Nach einer Weile traue ich mich zu sagen: „Du bist ein guter Mensch, aber wenn es in deinem Leben etwas gegeben hat, das du bereust, dann tu das jetzt einfach. Dann ist das gelöscht."

Er atmet.

Wenn einer nicht gut zu dir war, wenn du willst und kannst, dann lösche das auch. Der Krieg ist vorbei. Dann ist Ruhe und Friede. Alles ist gut."

Er atmet.

Ich traue mich nicht zu sagen, dass seine Kinder kommen, ich weiß nicht, ob sie das tun und ob sie rechtzeitig vor seinem Tod eintreffen. Also sage ich: „Ich bleibe bei dir. Ich trinke jetzt einen Schluck Kaffee."

„Jetzt bin ich zurück." Ich lege meine Hand auf seine Schulter. Ich merke, er hätte gern ein feines Hemd an – nicht das einfache Polohemd. Aber ich traue mich nicht, die Schwester zu bitten, ihn umzukleiden. Ich bin ja nicht mal Verwandtschaft. Also machen wir das per Imagination.

Ich sage: „Wir stellen uns vor, du hast dein bestes Hemd an. Wir stellen uns das vor. Nun bist du total schick!"

Er atmet.

Ich singe für ihn: Guten Abend, gute Nacht …"

Er atmet.

Es klopft an der Tür. Tochter und Schwiegersohn kommen herein. Ich ziehe meine Jacke wieder an. Die Tochter sagt danke zu mir. Der Schwiegersohn gibt mir die Hand und lege seine andere noch obendrauf. Ich beuge mich zu dem alten Herrn und sage: „Du bist ein guter Mensch, das weißte doch. Tschö! – Tschö!"

Er atmet.

Ich gehe.

Da sein

Lieber Tod,
der eine will nicht zu dir, doch du willst zu ihm.

Lieber Tod,
der andere will zu dir, doch du willst nicht zu ihm.

Lieber Tod,
der Dritte will zu dir, und du willst auch zu ihm.

Du bist die Ordnung, du machst Ordnung, du bist in der Ordnung.

Ich kenne deinen Hauch, ich kenne deine Zeichen, welche mir sagen, du bist in der Nähe und ich soll mich kümmern.

Du hast keine Sense mehr wie in früheren Zeiten, dein Mantel ist nicht mehr schwarz, er ist ohne Farbe.

So wie der Mensch gelebt hat, als Freund oder Feind, so kommst du zu ihm, als Freund oder Feind.

Die Menschen selber machen dich zum Gerichtsvollzieher mit dem Vollstreckungsbescheid oder zum Erlöser mit der Befreiungsurkunde.

Mein liebes ICH.
Welches ist dein Part, deine Rolle in diesem Geschehen?

Sollst du die Brücke sein zwischen den Welten, selbst-los, un-eigennützig?

Jedem das Seine lassen, da sein für den, der lebt, da sein für den, der stirbt.

Da sein.

৯৯৯৯৯৯

Nun bin ich die Briefschreiberin, die Folgendes schreibt.

An Ärzte, Pfleger/innen, Angehörige, Freunde.
Ich habe mein Leben erfüllt. Ich möchte nicht medizinisch „gerettet"
werden. Meine Vorsorgevollmacht liegt in meinem Schrank, oberste
Schublade. Gerne möchte ich ohne Schmerzen sterben. Entweder allein
oder umgeben von unaufgeregten Menschen.
Etwas leise Musik wär schön. Lasst mich einfach „gehen", es ist Zeit, es
ist gut. Körper bitte so lassen, wie er ist.
Noch etwas zum Schluss: Ich bin ziemlich geräuschempfindlich, also kei-
nen Krach machen sargmäßig und beim Abtransport.
War nett mit euch.
Vielen, Vielen Dank!

ৰৈ ৰৈ ৰৈ ৰৈ ৰৈ

Nun hab ich doch tatsächlich vergessen, mich von meinem Körper zu
verabschieden.

Ach du meine Güte. Ich sehe den da unten liegen, selber bin ich schon im
Anderswo. Also, Tschüss nun, liebe Körperteile, ihr alle habt mir so lange
und so treu gedient. Sogar ihr Haare habt bis ziemlich zum Schluss durch-
gehalten.

In Gedanken gehe ich zu jedem Einzelnen von euch und beschreibe seine
Fähigkeiten und guten Dienste. Entschuldigt, wenn ich manchmal mit
euch gemeckert habe. Ich bin auch bloß ein Mensch.

Ich gebe Frieden jeder einzelnen Zelle. Friede ist mit euch, ist in euch. Ihr
könnt euch jetzt beruhigt der Verwesung anvertrauen. Kein Schmerz, kein
Stechen, kein Soll, kein Muss, kein Druck mehr quält euch.

Ich entlasse euch – Erde zu Erde … und ihr entlasst mich – Äther zu
Äther.

Was bleibt ist Dank.

ৰৈ ৰৈ ৰৈ ৰৈ ৰৈ

Es klingelt. Es ist Ulf. Gott sei Dank.

Wir essen etwas. Ulf verkündet mir, dass er seit einigen Monaten nicht mehr an Gott glaubt.

Ogottogott.

Dann besuchen wir Maja. Maja ist unglaubliche neunundneunzig Jahre alt. Sie wird die Hundert nicht mehr schaffen. Maja liegt im Sterben. Sie atmet schwer, sehr schwer, sehr, sehr schwer.

Plötzlich und unerwartet betest du, Ulf. Du betest wie ein Weltmeister.

Vater unser ... und vergib uns unsere Schuld, wie auch wir vergeben ...

Und dann betest du das Ave Maria. Der Name Maja ist eine Nebenform von Maria und Maria bedeutet Geschenk Gottes.

Gegrüßet seist du, Maria ... Bitte für uns Sünder, jetzt und in der Stunde unseres Todes ...

Du betest den Rosenkranz, den mit den Perlen. Wir wissen nicht mehr genau die Sätze zwischen den Aves, und ich schlage dir vor, doch einfach zu sagen: Der für uns in den Himmel aufgefahren ist.

Das passt so gut, denn das wünschen wir der Maja, dass, wenn sie aufhört zu atmen, sie bereits in den Himmel aufgestiegen ist, das wünschen wir ihr so innig. Darum beten wir das zehn oder acht Mal hintereinander, und es wird nicht langweilig, im Gegenteil, denn hier geht es um etwas, hier geht es um viel.

Maja atmet und atmet. Ich halte ihr das Holztannenbäumchen mit den eingebauten LED-Lichtchen vor das Gesicht. Vielleicht kann sie es ja noch sehen mit dem einen halb geöffneten Auge. Das andere ist geschlossen, es ist blind. Vielleicht freut Maja sich, wenn sie Lichtchen sieht. Und dann bringt die Stationsschwester dir einen Kaffee, Ulf. Das ist gut, sehr gut ist das. Ich halte Majas Hand. Sie hält nicht fest, sie lässt nicht los. Das ist gut, gut für sie und gut für mich. Das hilft ihr und das hilft mir. Aber die Hundert wird sie nicht mehr schaffen, obwohl sie nur noch vierzehn Tage davon entfernt ist. Warum auch, wozu auch.

Maja schließt nun auch noch das zweite Auge. Sie atmet schwer, aber sie scheint zu schlafen. Und dann, dann, dann Ulf, singst du: Großer Gott, wir loben dich ...

Wie du warst vor aller Zeit

so bleibst du in Ewigkeit.

Die zweite Strophe kennst du nicht (mehr), darum singst du die erste noch einmal.
Später sagen wir: „Tschö, Maja, wir gehen jetzt nach Hause. Schlaf gut!"

(In solchen Fällen wie in diesem Fall soll man nicht „auf Wiedersehen" sagen. Man soll das offenlassen. Man soll frei lassen. Sich selber und den Kranken.)

Das langt jetzt erst mal für heute, also für Mittwoch. Morgen ist auch noch ein Tag. Das wollen wir doch hoffen. Ulf fährt mit Bus und Zug nach Hause. Sein Handy tut's wieder. Ich gehe nach Hause. Donnerstag ist auch noch ein Tag.

Am Donnerstag geht Majas Nichte zu ihr. Sie berichtet jetzt, was schon vorbei ist, also in der Vergangenheitsform.
Als ich zu Maja kam, atmete sie immer noch schwer. Und dann auf einmal leise, ganz leise, ganz normal.

Zwei Tränen liefen aus ihren Augenwinkeln. Plötzlich öffnete sie die Augen, beide Augen. Sie waren blau, so blau. Auch das blinde. Es war nicht mehr milchig-trüb.

Maja schaute nicht mich an, sie schaute nach oben. Sie hat etwas gesehen, etwas hat sie fasziniert. Mit einem Atemzug hauchte sie ihr Leben aus.
Ich öffnete das Fenster, weil ich mal gehört habe, dass manche Seelen (falls es so was gibt) aus dem Fenster wegfliegen wollen. Für den Fall öffnete ich das Fenster. Nach einer Weile schob ich ihre Lider über ihre Augen. Das ging ganz leicht. Wie man das macht, hatte ich im Fernsehen gesehen.

Ich holte nicht gleich die Schwester, weil ich Maja Zeit und Ruhe geben wollte, um den Raum zu verlassen. Dann klingelte ich.
Die Schwester setzte behutsam das Gebiss ein. Sie rollte ein Handtuch zusammen und schob die Rolle unter das Kinn. So war und blieb der Mund geschlossen. Dann wurde der Körper gewaschen, schön frisiert und dezent geschminkt. Zeitlebens hatte Maja viel Wert auf ihr Äußeres gelegt. Immer wollte sie gepflegt aussehen. So hätte sie sich gefallen.

Am folgenden Tag, dem Freitag, wurde die Tote zum Krematorium gefahren, überführt.

„Vom Krematorium weiß ich, dass es verschiedene Verbrennungskammern gibt. Neben einer Öffnung zum Einschieben des Sarges steht: Fettleiche. Da wird sicher eine höhere Temperatur zum Verbrennen benötigt ... und/oder eine längere Dauer. Maja war keine Fettleiche; Maja war eine Schlankleiche, die wird bei tausend Grad verbrannt. Die Asche wird in eine Urne gefüllt, die soll nächste Woche im kleinen Kreis beigesetzt werden.

Um das Thema Krematorium abzurunden noch diese Info:
Aschereste aus der Verbrennungskammer und vom Metallrost (auf dem der Sarg gestanden hat) werden später als Sondermüll entsorgt.
So hat alles seine Ordnung."
Soweit der Bericht von Majas Nichte.

ॐॐॐॐॐ

PS: Glaubte Maja an Gott?
Das wissen wir nicht so genau.
Glaubt Ulf an Gott?

Bernhardin glaubt, dass „Gott" alles beinhaltet.
Bernhardin glaubt, dass „Gott" alle und alles beinhaltet.
Bernhardin glaubt, dass jede Person selber entscheidet,
woran sie Teil hat.

(an Gut oder an Bös)

YIPPIE – ES LEBE DIE LIEBE!

Zeitfracht Medien GmbH
Ferdinand-Jühlke-Straße 7
99095 Erfurt, Deutschland
produktsicherheit@kolibri360.de